Birckenbach/Sure

„Warum haben Sie eigentlich Streit miteinander?"

Hanne-Margret Birckenbach
Christoph Sure

„Warum haben Sie eigentlich Streit miteinander?"

Kinderbriefe an Reagan und Gorbatschow

Leske + Budrich, Opladen 1988

CIP-Kurztitelaufnahme der Deutschen Bibliothek

Birckenbach, Hanne-Margret
,,Warum haben Sie eigentlich Streit miteinander?":
Kinderbriefe an Reagan u. Gorbatschow / Hanne-Margret Birckenbach ;
Christoph Sure. — Opladen : Leske und Budrich, 1987

ISBN: 3-8100-0653-x

NE: Sure, Christoph:

© 1987 by Leske + Budrich, Opladen
Satz und Umbruch: Leske + Budrich Opladen
Druck und Verarbeitung: Presse-Druck, Augsburg
Printed in Germany

Inhaltsübersicht

1. Einleitung

Die Erfindung und Entwicklung von Atomwaffen hat alles verändert, auch die Lebensbedingungen von Kindern. Sie wachsen in einer Welt des Unfriedens heran, die von Feindseligkeit in der inner- und zwischenstaatlichen Politik, von Gewalt und sozialer Ungerechtigkeit geprägt ist, und in einer Welt, in der es Atomwaffen gibt, in der also die Mittel zur Zerstörung der gesamten Menschheit vorhanden sind und immer weiter perfektioniert werden. Erwachsene haben gelernt, mit der Gefahr der Selbstvernichtung zu leben. Viele leugnen diese bedrohliche Situation und verdrängen sie aus dem Bewußtsein. Andere engagieren sich in der Friedensbewegung und versuchen, sich aktiv an der Bewältigung der drängenden Probleme zu beteiligen.

Welchen Einfluß hat die drohende Kriegsgefahr auf das Lebensgefühl und die Lebensperspektive von Kindern und Jugendlichen? Wie reagieren sie auf die atomare Bedrohungssituation? Was denken sie über Krieg und Frieden? Was erwarten sie von ihrer Zukunft?

Diesen Fragen sind seit dem zweiten Weltkrieg viele in- und ausländische Wissenschaftler nachgegangen. Alle kommen zu dem Ergebnis, daß die atomare Kriegsdrohung das Leben von Kindern verändert hat: Das Problem der atomaren Gefahr bedrängt sie. Sie beschäftigen sich viel häufiger damit, als Erwachsene annehmen.

Kinder haben jedoch eine andere Art des Erlebens, der Wahrnehmung und der Interpretation als Erwachsene, denen es häufig schwerfällt, sich in die spezifischen Sichtweisen der Kinder hineinzuversetzen.

Die vorliegende Untersuchung von Briefen, die Kinder im Rahmen der Aktion ,,A Letter to Both" des Vereins ,,Peace Bird" an den Präsidenten der USA und den Generalsekretär der KPdSU geschrieben haben, soll ein tieferes Verständnis für die Sichtweisen und Problemlagen der Kinder ermöglichen und die Bereitschaft wecken, sich intensiver als bisher mit deren Fragen auseinanderzusetzen. Denn nur wenn die Kinder merken, daß sie ernst genommen

7

werden, werden sie bereit sein, auch langfristig — über ihre Kindheit hinaus — nachzudenken und sich aktiv für den Frieden einzusetzen.

Zu Beginn der Studie skizzieren wir die Spezifika unseres Ansatzes, unsere Fragestellung, die methodischen Grundlagen und das gewählte Untersuchungsverfahren. Im Anschluß referieren wir den Forschungsstand zum Thema Kriegsangst und Friedenshoffnungen bei Kindern und fassen die Ergebnisse der Übersicht halber knapp zusammen. Im folgenden Kapitel, das den Kern unserer Studie bildet, legen wir unsere Untersuchungsergebnisse dar, bevor wir eine zusammenfassende Bewertung abgeben und aus unseren Ergebnissen einige pädagogische Konsequenzen und Vorschläge ableiten.

Im Anhang informieren wir über die Brief-Aktion ,,A Letter to Both" des Vereins ,,Peace Bird" und dokumentieren die Abschrift einer Fernsehdiskussion, in der prominente Erwachsene versuchen, den Kindern Antworten auf ihre Fragen zum Thema Krieg und Frieden zu geben.

Diskussionen zwischen Kindern und Erwachsenen, gerade auch mit Politikern, haben bisher leider gezeigt, daß diese meistens nicht in der Lage sind, auf die Fragen der Kinder angemessen zu antworten. Das hängt wohl auch damit zusammen, daß die Erwachsenen durch die Fragen nicht nur mit der Ratlosigkeit der Kinder, sondern auch mit ihrer eigenen Ratlosigkeit konfrontiert werden. Vielleicht hilft unsere Untersuchung, sich auf solche Situationen vorzubereiten. Sie soll als Anreiz dienen, nach besseren Antworten zu suchen.

2. Ansatz und Methode der Untersuchung

2.1. Zur Fragestellung der Untersuchung

Der Impuls für diese Untersuchung kam von außen. Als Mitglieder des Instituts für Friedensforschung und Sicherheitspolitik sahen wir uns durch die Initiative der Aktion ‚Peace Bird‘ mit einzelnen Kinderbriefen an Präsident Reagan und Generalsekretär Gorbatschow konfrontiert. Diese Briefe aus dem In- und Ausland und die Herausforderung, die wir bei der ersten Lektüre empfanden, wurden zum Anlaß, Gespräche über Intention und Schwierigkeiten der Aktion zu führen und über die Frage nachzudenken: Wie können wir als Friedensforscher die Anliegen der Kinder, die sich an einer friedenspolitischen Aktion beteiligt haben, um zwei Staatsmänner in Verantwortung zu nehmen, und die doch von diesen Staatsmännern wohl nie eine Antwort erhalten werden, mit Hilfe unserer wissenschaftlichen Instrumentarien unterstützen?

Unser erster Einfall war: Man muß dafür sorgen, daß diese Kinder eine Antwort bekommen — wenn schon nicht von den beiden Staatsmännern, so doch von den Erwachsenen, die die Briefkampagne ins Leben gerufen haben — jedenfalls ein Dankeschön und eine Information darüber, was mit den Briefen geschehen würde, an welchen Ausstellungsorten sie gezeigt und wann und wie sie übergeben würden. Wichtig schien uns zunächst, dafür zu sorgen, daß die Kinder nicht enttäuscht, sondern weiter ermutigt werden, zu fragen und auf Frieden zu drängen.

Doch als wir im zweiten Schritt überlegten, was man denn den Kindern nun im einzelnen antworten könnte, wenn die organisatorischen Voraussetzungen dafür gegeben wären, wurden wir uns bewußt,

— wie schwer es ist, Antworten auf ihre Fragen zum Thema Kriegsdrohung und Frieden zu finden und
— daß es gar nicht darum geht, allein dem Anliegen der Kinder gerecht zu werden, sondern daß das Anliegen der Kinder auch unser Anliegen ist; wie hätten wir uns sonst durch die Briefe so herausgefordert fühlen können?

So kamen wir zu der Auffassung, daß es nicht allein darauf ankommt, ob die beiden Staatsmänner den Kindern antworten werden,
sondern in erster Linie darauf, ein politisches Umfeld wachsen zu
lassen, in dem

— Kinder ermutigt werden, gegenüber den Erwachsenen ihre Fra-
  gen und Sichtweisen zu äußern,
— Erwachsene lernen, solche Fragen und Sichtweisen ernst zu
  nehmen,
— Erwachsene lernen, diese Fragen und Sichtweisen als Spiegel ih-
  rer eigenen Ratlosigkeit zu begreifen, und daß
— Erwachsene lernen, nach Antworten und politischen Wegen zum
  Frieden zu suchen.

In diesem Sinne sind die primären Adressaten unserer Studie
nicht die Kinder. Wir leisten vielmehr in erster Linie, angeregt
durch die Kinder, einen Beitrag zur Erwachsenenpädagogik. So beziehen sich unsere Aussagen nicht nur auf die Welt von Kindern,
ihre psychische Befindlichkeit oder ihren kognitiven Bewußtseins-
stand, sondern gerade auch und vor allem auf die Welt der Erwachsenen aus der Sicht von Kindern. Wir fragen: Was können die Erwachsenen von den Kindern lernen? Was haben die Kinder den Erwachsenen zu sagen?

Um die Transparenz unserer Untersuchung und ihrer Ergebnisse
zu erhöhen, erläutern wir zunächst, mit welcher Art von Untersuchungsmaterial wir es zu tun haben, warum wir uns auf ein problemzentriertes Verfahren qualitativer Sozialforschung (Witzel
1982) stützen, sowie Prämissen und Schwierigkeiten eines solchen
Verfahrens, aber auch Wege, die Wissenschaftlichkeit der Untersuchung zu sichern. Der Terminus ,,problemzentriert" weist zum einen darauf hin, daß eine Methode angewandt wird, mit der indivi-
duelle und kollektive Verarbeitungsmuster gesellschaftlicher Realität erfaßt, nicht aber, Persönlichkeitsmerkmale sondiert oder gar
therapeutische Zielsetzungen verfolgt werden. Zum anderen bezeichnet ,,problemzentriert" eine Forschungsstrategie, die sich an
den Problemen aus der Sicht der Untersuchungspersonen orientiert
und die Erhebung darauf zentriert.

2.2. Das Untersuchungsmaterial und seine Adäquanz für die Fragestellung

Was haben die Kinder den Erwachsenen zu sagen? So zu fragen setzt voraus, daß die Kinder mit ihren Briefen tatsächlich die Chance hatten, ihre Sicht so darzustellen, wie ihnen zumute ist. Inwieweit entspricht das Material der Welt der beteiligten Kinder? Ist die Form des Briefes geeignet, diese auszudrücken und mitzuteilen? Wir bejahen diese Frage, weil die soziale Situation, in der ein Brief an die beiden Staatsmänner geschrieben wird, aus mehreren Gründen Konzentrations-, Reflexions- und Thematisierungsmöglichkeiten erzeugt.

a) Es handelt sich einerseits um eine beruhigte, vertraute Situation im Rahmen von Familie, Schule oder Kindergruppe, in der man sich trauen kann, auch ungewohnte Sichtweisen zu äußern und Fragen zu stellen.

b) Auch der Vorgang des Briefeschreibens selber gehört zu den Kommunikationstechniken der Alltagswelt, in die Kinder in Familie und Schule eingeführt werden, so daß davon ausgegangen werden kann, daß zusätzliche Ängste und Denkblockaden im Gegensatz zu vielen anderen Untersuchungssituationen nicht entstehen.

c) Auf der anderen Seite handelt es sich um eine Situation, die für Kinder fremd genug ist, um sie zu einer Erweiterung ihrer Reflexions- und Thematisierungsspielräume gegen die alltägliche Routine zu ermutigen. Wann korrespondiert man schon in der persönlichen Form des Briefes mit Staatsmännern und gar mit den Führungspersonen der beiden Supermächte? Wann schon werden Kinder in friedenspolitische Arbeit in dem Sinne einbezogen, daß sie das Gefühl haben können, den Erwachsenen etwas Wichtiges mitteilen zu können? Die Adressaten der Briefe vermitteln auch den jungen Autorinnen und Autoren ein Gefühl von Wichtigkeit und Bedeutsamkeit. Vielleicht glauben sie nicht daran, daß ihre Sichtweisen von den Adressaten wirklich ernst genommen werden, aber sie werden in der Auffassung bestärkt, daß ihre Sichtweisen ernst genommen werden sollten, daß sie Wichtiges zu sagen haben. Die Briefaktion stellt ein Gegengewicht zu der allgemeinen Erfahrung gerade von Kindern und Jugendlichen dar, derzufolge es doch nichts nützt, sondern eher schadet, wenn man seine Meinung sagt. Insofern wird ein Interesse an Reflexion und Thematisierung gefördert.

11

d) Anders als bei der unmittelbaren Rede erlaubt die Briefform den Kindern, sich weitgehend ungehindert auf ihre Sicht zu besinnen und diese eigenständig strukturiert mitzuteilen. Auch wenn diese Mitteilungen durch gemalte Bilder ergänzt werden können, muß allerdings einschränkend erwähnt werden, daß das, was in den Briefen mitgeteilt werden kann, nur entsprechend der bereits erworbenen Fähigkeit zur Niederschrift gelingt, und daß mit der Nichterfassung der gerade bei Kindern ausdrucksintensiven Körpersprache viel vom emotionalen Gehalt der Mitteilungen verlorengeht.

e) Zwar war die Teilnahme an der Briefaktion freiwillig, Anonymität war jedoch als sozialwissenschaftliches Erhebungsprinzip, das den sozialen Druck verringern soll, nur erwünschte Äußerungen zu tun, nicht gegeben. Die Form des Briefes und die mit ihm angestrebte Verbindlichkeit verlangt Anrede und persönliche Unterschrift. So waren die Kinder auch aufgefordert worden, ihre Briefe mit Namen und Anschrift zu versehen. Die meisten sind dieser Aufforderung gefolgt. Wir sehen darin keinen Nachteil des Untersuchungsmaterials, weil die Adressaten der Briefe selber zu weit weg sind, um sanktionierend wirken zu können.

f) Inwieweit haben Erwachsene die Kinder beeinflußt, ihre Problemsicht auf Muster hin zu stilisieren, die sie für sozial erwünscht halten? Wie Erwachsene und andere Kinder, die sich nicht an solchen Aktionen beteiligen, sind auch die Briefautoren/innen von ihrer Umwelt beeinflußt, vor allem durch Familie und Schule, durch das politische Klima und durch Informationen, die über die Massenmedien in das Leben von Kindern eingreifen. Solche Einflüsse prägen die Kinder unabhängig davon, ob sie einen Brief schreiben oder nicht. Selbst wenn hier und da der eine oder andere Erwachsene Stichpunkte geliefert haben mag, so spiegeln die Briefe doch eben Verarbeitungsweisen, die wir als typisch kindlich bezeichnen, weil die Erwachsenen sie in der Regel verlernen.

Diese Verarbeitungsweisen nun systematisch auf ihren für die Erwachsenen herausfordernden Gehalt zu untersuchen, ist Ziel dieser Arbeit. Die Auswertung der Kinderbriefe soll der originären Problemsicht der Kinder, die sich hinter auch stereotypen Darstellungen, Andeutungen und widersprüchlichen Formulierungen verbergen mag, zum Durchbruch verhelfen.

2.3. Materialumfang und -auswahl

Wir haben das Untersuchungsmaterial nicht eigenständig erhoben, sondern vorgefunden. Die Untersuchungsergebnisse beziehen sich auf die Sichtweisen einer besonderen Gruppe von Kindern, die der Friedensbewegung zugerechnet werden können, weil

— sie durch eine Aktion der Friedensbewegung angeregt worden sind, ihre Briefe zu schreiben,
— sie sich aktiv an einer Aktion der Friedensbewegung beteiligt haben und
— in ihren Briefen die Fragestellungen und Themenschwerpunkte der Friedensbewegung auftauchen.

Die Kinder versuchen, mit dem Briefeschreiben an die beiden führenden Staatsmänner der Supermächte zu appellieren und damit persönlich zum Frieden beizutragen.

Aus der Vielzahl der bei ‚Peace Bird' bis Mai 1986 eingegangenen in- und ausländischen Briefe (insgesamt 226.000 Briefe) haben wir alle diejenigen ausgewählt, die von Kindern mit Anschriften aus dem Postleitzahlbereich 2 verfaßt waren. Diese Briefe wurden als Gesamtheit der Untersuchung zugrunde gelegt. Dieses Auswahlverfahren ist durch den Standort des Instituts für Friedensforschung und Sicherheitspolitik in Hamburg, durch die praktisch-pädagogischen Intentionen, die wir mit diesem Projekt verbinden, und durch den Charakter einer Pilot-Studie begründet, in der eine Materialbeschränkung notwendig erfolgen muß. Was die Repräsentativität angeht, so handelt es sich für den via Postleitzahl angegebenen Raum um Hamburg um eine Vollerhebung, in Bezug auf die 226.000 Briefe insgesamt jedoch um eine Klumpenauswahl.

Zweifelsohne könnten die Ergebnisse der vorliegenden Untersuchung durch die Heranziehung zusätzlichen Materials aus der Bundesrepublik sowie aus dem Ausland in Ost und West erweitert und differenziert werden. Dies muß jedoch weiteren Arbeiten vorbehalten bleiben. Da wir uns das Ziel gesetzt haben, die Problemsichten von Kindern überhaupt zur Geltung kommen zu lassen, nicht jedoch vergleichende Studien anzustellen, kann die gewählte Auswahl im ersten Schritt genügen.

Die vorliegende Arbeit basiert auf 144 Briefen von insgesamt 243 Kindern an den amerikanischen Präsidenten und den Generalsekretär der KPdSU.

Zahl der Briefe

Insgesamt	144
mit Datumsangabe	78
aus dem Monat November 1985	74
(Monat des Gipfeltreffens)	

Zahl der beteiligten Kinder

Insgesamt	243
Mädchen	149
Jungen	88
ohne Angabe	6

Briefe mit Anrede

Insgesamt	122
an Reagan und Gorbartschow	93
an Reagan und Tschernenko	5
an Reagan und Andropow	10
an Reagan	12
Allgemeine Anrede	7

Briefe mit Altersangaben

Insgesamt	117
10 — 13jährige	91

Alter	Zahl der Briefe
6	1
7	1
8	1
9	4
10	11
11	18
12	24
13	38
14	7
15	5
16	2
17	2
18	1
19	2

Die überwiegende Zahl der Briefe datiert vom November 1985 (Monat des Gipfeltreffens zwischen Reagan und Gorbatschow in Genf) und richtet sich an Präsident Reagan und Generalsekretär Gorbatschow. Einige wenige Briefe sind bereits in der Zeit von Dezember 1983 bis Februar 1984 an Reagan und Andropow und in der Zeit von März bis August 1984 an Reagan und Tschernenko geschrieben worden. Die Briefe sind nicht nur im Inhalt, sondern auch hinsichtlich der Form vielseitig und von sehr unterschiedlicher Länge. Viele Kinder haben Bilder dazu gemalt oder ihre Bemerkungen mit Symbolen versehen, die in der Friedensbewegung verwendet werden. Brieflänge, Bilder und Schriftbild bleiben in unserer Untersuchung unberücksichtigt.

Ein abschließendes Wort noch zur Statistik. Die Struktur des Samples ist von uns nicht gemäß den sozialwissenschaftlichen Kriterien einer Quotenauswahl geplant worden, sondern war uns vorgegeben. Auf die statistische Verteilung waren wir selber gespannt. Nicht überrascht hat uns, daß die überwiegende Mehrzahl der beteiligten Kinder zwischen 9 und 15 Jahre alt ist, und ein Schwerpunkt bei den 11-, 12- und 13jährigen Kindern liegt. Überrascht hat uns aber die weit höhere Beteiligung von Mädchen gegenüber der von Jungen. Das Verhältnis beträgt etwa 2/3 : 1/3. Von den 243 beteiligten Kindern sind 149 Mädchen und 88 Jungen (ohne Angabe: 6). Was ermuntert gerade die Mädchen zu dieser friedenspolitischen Aktivität, was hält die Jungen eher davon ab? Solche Fragen können wir mit unserer Untersuchung nur aufwerfen, nicht aber beantworten.

2.4. Die Auswertung

Standardisierte, quantitative Verfahren scheiden für die Zielsetzung unserer Untersuchung aus, weil sie im Interesse verallgemeinerter, statistischer Aussagen von den hier interessierenden subjektiven Sichtweisen der einzelnen Kinder und von den vielfältigen Details ihrer Äußerungen abstrahieren müssen. Um dieser Gefahr zu entgehen und gültige, bedeutungsvolle, umfassende Informationen — auch gegen die Forscherinterpretation — zu erhalten, arbeiten wir mit einem interpretativen, gegenstandsorientierten Untersuchungskonzept, das die Systematisierung des Materials leistet, ohne das Originäre verschwinden zu lassen.

Das gewählte Verfahren ist den Methoden ‚kontrolliertes Fremdverstehen' (Köckeis-Stangl 1980) zuzurechnen und verlangt von den Forschern sowohl eine emphatische Perspektive wie auch Leitlinien, die die Wissenschaftlichkeit der Ergebnisse sichern. (Wahl et al. 1982) Im einzelnen geht es für die Forscher darum,

— sich in die Sichtweise der Untersuchungspersonen, die das Material geliefert haben, hineinzuversetzen;
— die Diskrepanz zu den eigenen Wahrnehmungsweisen nicht als Störfaktor, sondern als Bereicherung zu betrachten;
— die gleichen Fragen an sich selbst zu stellen wie an die Untersuchungspersonen, damit die eigenen lebensgeschichtlich verdrängten Probleme nicht unbewußt in die Ergebnisse einfließen und Teile des empirischen Materials, die als unangenehm empfunden werden, von den Forschern unterdrückt werden; es müssen Vorkehrungen getroffen werden, die es den Wissenschaftlern ermöglichen, ihre Wünsche an das Material so zu kontrollieren, daß die Sichtweisen der Untersuchungspersonen auch gegen die Sichtweise der Forscher eine Durchsetzungschance haben;
— das unschematische und umfangreiche Material in seiner Vielfalt zu berücksichtigen und in eine zusammenfassende, transparente Interpretation zu integrieren.

Um diese Forderung einzulösen, bedarf es

— während des Untersuchungsprozesses einer Reflexion der von den Forschern eingenommenen Rollen und
— einer phasenweise voranschreitenden Auswertung des Materials, die in einer ergebnisorientierten (nicht prozeßorientierten) Darstellung mündet, in der das Material nicht nur interpretiert, sondern auch je nach Bedeutung ausführlich dokumentiert wird.

a) Reflexion und Definition der Forscherrolle

Die Reflexion der von den Forschern in der Untersuchung eingenommenen Rollen dient zur Kontrolle ihrer unbewußt wirkenden Einflüsse auf die Untersuchung. Vor allem drei Problemzonen beinhalten die Gefahr, unkritisch gegenüber den Kinderbriefen zu werden:

— unsere Sympathien mit der Friedensbewegung und auch der ‚Peace Bird‘-Aktion,
— unsere heimlichen Wünsche, uns auf ähnlich kindliche, naive Weise äußern zu können, und
— bei uns möglicherweise vorhandene Interessen, die Kinder als unsere Sprachrohre zu benutzen, d.h. die Verführung, Politik aus mangelnden Fähigkeiten, selber Politik zu machen, an Kinder zu delegieren und auf sie abzuschieben.

Um solchem erkenntnisblockierenden Verhalten entgegenzusteuern, haben wir unsere Rollen aktiv auf die Untersuchung hin definiert, bestimmte Seiten (Wissenschaftlerrolle) herausgestellt und andere (Rolle der Sympathisanten) zurückgedrängt und immer wieder Diskussionen über die Aktion ‚Peace Bird‘ und vor allem über die Einwände der Kritiker geführt. Ferner haben wir Kinderäußerungen, die wir als besonders herausragend oder als provozierend empfunden haben, auch im Hinblick darauf erörtert, warum sie solche Gefühle in uns auslösen.

b) Phasen der Untersuchung

Wissenschaftliches Verstehen unterliegt — anders als alltägliches Verstehen — nicht dem unmittelbaren Reaktionsdruck und erlaubt eine unabhängige, problemzentrierte Fragestellung. Darüber hinaus ist ein spielerisch-experimentierender Umgang mit dem fremden Material und den eigenen Interpretationsideen, einschließlich solcher Ideen, die in realen Kommunikationssituationen verletzend wirken und zum Kommunikationsabbruch führen können, möglich. Untaugliche Interpretationen können folgenlos wieder fallengelassen werden. Die Befreiung vom unmittelbaren Reaktionsdruck beinhaltet auch die Möglichkeit, die notwendige Distanz zu sichern. Um ein problemzentriertes und kontrolliertes Verständnis zu erreichen, ist es notwendig, sich mit dem Forschungsstand in der Literatur vertraut zu machen sowie das Material verschiedenen Interpretationsphasen und Interpretationsstufen zuzuordnen. Die Materialfülle erfordert es, eine Reihenfolge der Bearbeitung herzustellen, sowie festzulegen, welches Material mit welcher Intensität bearbeitet werden soll. Ferner macht der unterschiedliche Charakter des Materials (z.B. Alter der Kinder, Länge der Briefe) und das unterschiedliche Maß, in dem es den Kindern gelingt, ihre Sichtweisen zu erläutern, die Anwendung differenzierter Verfahren sinnvoll. Eine mehrphasige Organisation der Auswertung ist auch deshalb geboten, um Zwischenergebnisse aus der Interpretation des Materials zu erhalten und diese für notwendige Revisionen im Fortgang der Untersuchung zu nutzen. Aus diesem Grund gliederte sich der empirische Untersuchungsprozeß in folgende Phasen:

1. Erfassung des Forschungsstands.
2. Lektüre des Gesamtmaterials und Definition von sechs Untersuchungsdimensionen:
   a) Welche Vorstellungen, Ängste und Sorgen verbinden die Kinder mit den Stichworten Krieg, Kriegsgefahr und Rüstung?
   b) Welche Vorstellungen, Wünsche und Hoffnungen verbinden die Kinder mit dem Stichwort Frieden?
   c) Welche Vorstellungen äußern die Kinder über den Übergang von Kriegsgefahr zum Frieden?
   d) Welche Fragen werden an die Politiker gestellt?
   e) Welche Forderungen, Wünsche, Bitten und Belehrungen werden in den Kinderbriefen formuliert?
   f) Sonstige Auffälligkeiten.
3. Wörtliches Exzerpieren der Äußerungen zu den Untersuchungsdimensionen, Differenzierung der Fragen an das Material in den einzelnen Dimensionen, Interpretation, Systematisierung und Zusammenfassung der Äußerungen unter den Gesichtspunkten: Was kehrt wieder? Was sind Einzelfälle und was kennzeichnet diese? Wozu haben die Kinder unterschiedliche Sichtweisen? Bei der Interpretation haben wir immer wieder auf die Originalbriefe zurückgegriffen, um der Kontextabhängigkeit der Äußerungen Genüge zu tun.
4. Integration der Ergebnisse und Zusammenfassung der ursprünglich sechs Dimensionen in drei Gliederungsabschnitte und erneute Durchsicht des gesamten Materials auf Hinweise, die es erlauben, die Befunde zu ergänzen oder zu korrigieren. Bei der Darstellung der Untersuchungsergebnisse haben wir umfangreich Auszüge aus den Briefen dokumentiert, nicht nur um unsere Ergebnisse zu belegen und nachvollziehbar zu machen, sondern auch, um den eindrucksvollen Originalton, in dem die Kinder ihre Anliegen vortragen, nicht ganz zu verdrängen. Auch wenn manche Formulierungen in den Briefen einander sehr ähnlich sind, so sind sie insgesamt doch so vielseitig, daß wir aus

den meisten Briefen zitieren konnten, ohne Wiederholungen zu riskieren. Angesichts der ungleichen Beteiligung von Jungen und Mädchen haben wir bei der Auswahl der Zitate Jungen bevorzugt.

Auf diese Weise ist ein Gesamtbild über die in den Kinderbriefen geäußerten Sichtweisen vom Problemfeld Krieg — Rüstung — Abrüstung — Frieden entstanden. Nicht jedes einzelne Kind teilt dieses Gesamtbild, in dem auch die Meinungen von Minderheiten einen Platz haben, aber es trägt ein Stück zu ihm bei. Die hier vorgelegte Analyse dieses Gesamtbildes, die für Korrekturen und Erweiterung durch Heranziehung weiteren Materials und Reinterpretationen offen bleibt, erlaubt Rückschlüsse auf die Fragen, die Erwachsene sich selber stellen müssen, wenn sie die Sichtweise der Kinder ernst nehmen wollen.

3. Kriegsangst und Friedenshoffnung — ein Überblick über die Forschungsliteratur

Seit dem 6. August 1945, dem Tag des ersten Atombombenabwurfes über der japanischen Stadt Hiroshima, leben die Menschen mit dem Wissen über die Auswirkungen eines Atomkrieges. Das Sterben und Dahinsiechen der Bewohner von Hiroshima und Nagasaki haben die grauenhaften Folgen des Abwurfs von einzelnen, kleinen Atombomben aufgezeigt und vor Augen geführt, daß ein Atomkrieg mit den weiterentwickelten und viel größeren Atomwaffen der achtziger Jahre zu mehr Toten, mehr Verletzten und Erkrankten führen wird als jeder Krieg, jede Naturkatastrophe oder Epidemie in der bisherigen Menschheitsgeschichte.

Der Einfluß, den das Leben mit der Atombombe auf das Lebensgefühl und die Psyche der Menschen ausübt, ist von der Wissenschaft lange Jahre nur wenig beachtet worden. Erste Untersuchungen werden in den sechziger Jahren veröffentlicht. Sie befassen sich zum einen mit der Angst der Kinder und Jugendlichen vor einem Atomkrieg, zum anderen gehen sie der Frage nach, welche Vorstellungen die Heranwachsenden mit den Begriffen ,,Krieg;, ,,Frieden" und ,,Zukunft; verbinden.

3.1. Studien zur Kriegsangst bei Kindern

Sibylle Escalona und Milton Schwebel (Solantaus 1983; S.45f) befragen 1961 im krisengeschüttelten Berlin 3000 Schüler/innen im Alter von 9 - 13 Jahren nach ihren Kriegsängsten. Etwa die Hälfte der Befragten ist der Meinung, daß ein Krieg unmittelbar bevorsteht. Fast alle (95 %) haben große Angst vor einem zukünftigen Krieg.

Escalona setzt ihre Forschungen 1962 fort und untersucht, ob die Zukunftserwartungen der Kinder von der Gefahr eines Atomkrieges beeinflußt sind. In den Antworten auf die Frage, wie die Welt in zehn Jahren aussehen wird, erwähnen 70 % der Kinder und Jugendlichen die Begriffe ,,Krieg" und ,,Frieden;, ohne konkret danach gefragt worden zu sein. 30 % der Befragten halten einen Krieg in den kommenden Jahren für wahrscheinlich. Die Persönlichkeitsentwicklung der Kinder und Jugendlichen und der notwendige und normale Prozeß der Identitätsbildung wird nach Escalona durch die drohende atomare Kriegsgefahr erheblich erschwert. Schwebel beschreibt die negativen Auswirkungen des ,,Kalten Krieges" auf die psychische Gesundheit der Kinder und Jugendlichen. Das Leben im Schatten der Atombombe führt zu einer verzerrten Wahrnehmung der sozialen Umwelt, zu pessimistischen Zukunftserwartungen und beeinflußt negativ die zwischenmenschlichen Beziehungen. Nach diesen frühen Studien von Escalona und Schwebel wird das Thema Kriegsangst bei Kindern und Jugendlichen viele Jahre lang von der Wissenschaft vernachlässigt. Erst 1978 setzen Beardslee und Mack (Solantaus 1983; S.47) die Untersuchungen fort. Sie befragen 1000 Schüler/innen im Alter von 10 - 18 Jahren nach deren Meinung zu Atomkraft, Atomwaffen, Zivilverteidigung und Atomkrieg und versuchen herauszufinden, welchen Einfluß die zivile und militärische nukleare Entwicklung auf das Denken und die Zukunftserwartungen der Befragten hat. Die Ergebnisse ähneln denen von Escalona und Schwebel aus den frühen sechziger Jahren.

Kinder aller Altersgruppen fühlen sich durch einen drohenden Atomkrieg sowie durch die Folgen der zivilen Nutzung der Atomenergie tief beunruhigt. Sie äußern sich besorgt und verunsichert über ihre Zukunft. Eine Mehrzahl der befragten Kinder berichtet, daß die Entwicklungen auf dem Sektor der Kernenergie und das weltweite Wettrüsten ihr tägliches Denken und Fühlen beeinflussen.

Fast 40 % der Befragten einer amerikanischen Studie von Chivian u.a. (Petri 1985; S.51) aus dem Jahre 1983 glauben, daß sie noch einen Atomkrieg erleben werden.

Eine Studie des finnischen Kinderpsychologen Tytti Solantaus (1983; S.51) kommt zu dem Ergebnis, daß die Angst vor einem Atomkrieg im Vergleich zu den anderen Ängsten, die das tägliche Leben betreffen, an erster Stelle steht. Durchschnittlich bekennen sich 60 % der befragten Kinder zu ihren Kriegsängsten. Bei jüngeren Kindern und bei Mädchen sind diese Ängste stärker ausgeprägt. Auf die Frage, ob sie während des letzten Monates einmal starke

Kriegsangst verspürt haben, antworten 40 % der Mädchen und 18 % der Jungen mit ‚Ja').

Der amerikanische Kinderpsychiater Eric Chivian hat 1982 die Atomkriegsangst zunächst bei Kindern aus den USA und dann in der Sowjetunion untersucht (Chivian 1986). Chivian stellte zwischen den sowjetischen und den amerikanischen Kindern sehr viele Gemeinsamkeiten, aber auch beträchtliche Unterschiede fest. Das Problem der atomaren Bedrohung beschäftigt die Kinder aus beiden Ländern gleichermaßen häufig, und die Überlebenschance in einem Atomkrieg wird als sehr gering eingestuft. Unterschiede zeigen sich darin, daß die sowjetischen Kinder mehr Angst vor einem Atomkrieg äußerten als die amerikanischen, daß sie pessimistischer im Hinblick darauf waren, einen Atomkrieg zu überleben und daß sie optimistischer waren, daß ein Atomkrieg verhindert werden kann. Chivian führt diese Unterschiede zum einen darauf zurück, daß das Thema Frieden und Kampf für den Frieden in Propaganda und Organisationsweise der sowjetischen Gesellschaft eine größere Rolle spielt als in den USA. Zum anderen erklärt Chivian die Unterschiede mit der unterschiedlichen Orientierung des Nachrichtenwesens in beiden Gesellschaften. Die Medien in den USA seien eher krisenorientiert, während die Medien in der UdSSR eher darum bemüht seien, Zuversicht und ein Gefühl zu vermitteln, daß die Menschen sich um ihre Zukunft nicht so viele Sorgen machen müßten. Über die Auswirkungen der Kriegsängste auf die Persönlichkeitsentwicklung von Kindern und Jugendlichen liegen kaum empirische Erkenntnisse vor; daß es solche Auswirkungen gibt, ist indessen unbestritten.

Solantaus stellt mit Blick auf die ihm vorliegenden Studien fest, daß die Welt, in der Kinder und Jugendliche heranwachsen, ihnen ein sehr widersprüchliches Bild bietet. Die Erwachsenen verlangen von den Kindern, bestimmte Normen zu übernehmen, die von ihnen selbst nicht eingehalten werden. Auf der einen Seite werden von den Kindern Einfühlungsvermögen und Verständnisbereitschaft sowie die Fähigkeit, Konflikte in Gesprächen ohne Gewalt zu lösen, erwartet, auf der anderen Seite werden Kinder über die Massenmedien täglich mit Gewalt und Krieg konfrontiert, und sie müssen erkennen, daß sich die Erwachsenen um die Zukunft und die Entwicklung der Welt nur wenig Sorgen machen. Fatalistisches, apathisches, aber auch aggressives Verhalten ist die Folge.

Hanne-Margret Birckenbach (1985) weist in ihrer Untersuchung über die Wehrbereitschaft von Jugendlichen auf einen weiteren

Punkt hin — auf den Konflikt zwischen Pazifizierung und gesellschaftlich legitimierter Gewalt. Von den wehrdienstfähigen Jugendlichen wird mit dem Wehrdienst die Überschreitung gerade des Gewaltverbots verlangt, das im vorangegangenen Sozialisationsprozeß nur mühsam, durch Zurückdrängung des gesamten Trieblebens, verinnerlicht worden ist. Durch diese gesellschaftlichen Erwartungen werden die Jugendlichen in starke innere Konflikte gestürzt, die zu großer Verunsicherung, Ratlosigkeit und Resignation führen müßten, wären da nicht die Wünsche und Bedürfnisse nach Anerkennung, Abwechslung und Abenteuer, für deren Befriedigung die Jugendlichen die Bundeswehr als geeigneten Ort ansehen. Unrealistische Bilder vom Krieg und die Aussicht, im Wehrdienst Mangelerfahrungen des bisherigen Lebens zu kompensieren, sind nach Birckenbach ein wesentlicher Grund für die Wehrbereitschaft Jugendlicher.

Der Kinderpsychologe Horst Petri faßt die Ergebnisse von Studien aus den frühen 80er Jahren wie folgt zusammen:

,,Escalona (1982) folgert aus ihren Erfahrungen mit 350 untersuchten Kindern: ,Das Aufwachsen in einer gesellschaftlichen Umwelt, die das Risiko der totalen Vernichtung durch eine vorsätzliche menschliche Handlung toleriert und ignoriert, begünstigt die Entwicklung solcher Verhaltensmuster, die zu Gefühlen von Ohnmacht und zynischer Resignation führen.' Sie ist überzeugt, daß die tiefe Verunsicherung darüber, ob die Menschheit noch eine vorhersehbare Zukunft hat oder nicht, einen zersetzenden und bösartigen Einfluß auf wichtige Entwicklungsprozesse der Kinder hat. Schwebel (1982) berichtet aus seinen Erfahrungen, daß es für viele Kinder und Jugendliche unerträglich ist, über die nukleare Bedrohung nachzudenken, und daß sie in ihrer Hilflosigkeit, Angst und Wut lernen, das Leben nur noch nach dem Augenblick zu leben. Daraus resultieren starke egoistische und narzißtische Verhaltensweisen. Kritisch wird von Beardslee und Mack (1983) gegen solche Interpretationen angemerkt, daß wahrscheinlich nicht allein die nukleare Situation, sondern die komplexe gesellschaftliche Struktur in den hochtechnisierten und bürokratisierten Industrienationen den psychosozialen Problemdruck erzeuge, vor dem die Kinder und Jugendlichen oftmals in Resignation und regressive Ersatzbefriedigung ausweichen würden." (Petri 1985; S. 51)

Büttner gehört zu den wenigen Wissenschaftlern, die sich der Problematik ,Kriegsangst bei Kindern' aus der psychoanalytischen Sicht nähern (Büttner 1982). Er geht von der These aus, daß die häu-

24

fig zu beobachtenden Kriegsphantasien und -ängste weniger mit den konkreten Angeboten der Erwachsenenwelt an Kriegsvorbildern zu tun haben, als vielmehr mit dem, was die Kinder in ihrer ,,friedlichen" Lebensumwelt unmittelbar erfahren. Nicht kognitive Auseinandersetzungen mit dem Krieg und der drohenden Kriegsgefahr sind die hauptsächlichen Ursachen für Kriegsphantasien und -ängste, sondern Lebensereignisse aus der frühesten Kindheit. Die Erfahrung der Geburt und der damit verbundenen Trennung von der Mutter, die totale Hilflosigkeit gegenüber der einfachsten (Selbst-) Befriedigung elementarster Bedürfnisse und die Unfähigkeit, sich mit den Mitteln der Erwachsenen dagegen zur Wehr zu setzen, hinterlassen im Unbewußten der Kinder ein Gefühl von Haß und Feindseligkeit. Solche Erfahrungen erzeugen, unabhängig von Kriegs- und Friedenszeiten, Angstmotive. An vielen Beispielen zeigt Büttner die Verbindungen zwischen frühkindlichen Erfahrungen und den formulierten Kriegsängsten auf. Er stößt bei seinen Untersuchungen auf große Unterschiede zwischen Jungen und Mädchen. Bei den Mädchen aller Altersstufen stellt er eine eindeutige Ablehnung von Krieg sowie eine Angst vor ihm fest. Die Mädchen erleben Krieg in erster Linie passiv, und ihre Ängste beziehen sich auf das Ausgeliefertsein und auf ihre Hilflosigkeit. Sie äußern häufig Verstümmelungs- und Vergewaltigungsphantasien. Die Jungen verbinden mit Krieg vor allem aktives Handeln von Soldaten. In den Äußerungen der Jungen zeigt sich eine Angst vor der Verwickelung in aktuelle Kriegshandlungen bzw. vor Erlebnissen, die sich für die Jungen mit Krieg als Gefahr des Zerstörtwerdens verbinden. Büttner sieht darin die Angst der Jungen vor dem Verlust ihres Panzers als männlichem Symbolträger und Schutz zugleich.

Auch andere Wissenschaftler gehen davon aus, daß es sich bei den Kriegsängsten von Kindern und Jugendlichen häufig um verschobene Ängste handelt. In der Kriegsangst spiegeln sich die vielfältigen Bedrohungssituationen des täglichen Lebens wieder. ,,Die Verschiebung (...) bewirkt, daß das Kind die ursächliche Bedrohung, z.B. die Trennung von der Mutter oder die erwartete Gewalt des Vaters, die mit mehr Angst verbunden wäre als jede Kriegsdrohung, nicht mehr so intensiv erleben muß." (Petri 1985; S.53)

Jüngste Untersuchungen zum Thema ,Kriegsangst bei Kindern" stammen von Jörgen Pauli Jensen (Dänemark) und Horst Petri, Klaus Boehnke, Michael Macpherson, Margarete Meador (Bundesrepublik Deutschland). Beide Studien wurden 1985 durchgeführt und im Sommer 1986 veröffentlicht.

Jensen (1986) befragte 1.209 dänische Schulkinder im Alter von 13 - 17 Jahren. Auch hier bestätigt sich das Ergebniss früherer Studien. Die Angst vor einem Atomkrieg steht in der Rangliste der Ängste bei Kindern und Jugendlichen an erster Stelle. Bei jüngeren Kindern ist die Kriegsangst verbreiteter als bei älteren. Einen Grund dafür sieht Jensen darin, daß Kinder mit zunehmendem Alter ihre Ängste mehr und mehr unterdrücken bzw. lernen, ihre Ängste wie die Erwachsenen zu beherrschen. Weitere Ergebnisse der dänischen Studie:

— Bei Mädchen ist die Angst vor einem Atomkrieg größer als bei Jungen.
— 71 % der befragten Kinder sind der Meinung, daß es unmöglich für sie und ihre Familie sei, einen Atomkrieg zu überleben.
— 36 % denken oft an einen Atomkrieg.
— 17 % sind davon überzeugt, daß sie noch einen Atomkrieg erleben werden.
— 14 % glauben, daß ein Atomkrieg nicht verhindert werden kann.
— Eine Mehrzahl (54 %) der befragten Schüler meint, daß sie in der Schule zu wenig über die Gefahren eines Atomkrieges informiert werden. Etwa jeder 4. Schüler hat noch nie mit seinen Eltern über dieses Problem gesprochen.

Von März bis Dezember 1985 wurde eine erste Untersuchung dieser Art in der Bundesrepublik Deutschland durchgeführt (Petri, Boehnke, Macpherson, Meador 1986). In einer Feldstudie von annähernd repräsentativem Charakter wurden insgesamt 3.499 Kinder und Jugendliche im Alter von 9-18 Jahren befragt. Die Berliner Ärzte und Psychologen kommen, wie viele Wissenschaftler vor ihnen, zu dem Resultat, daß von allen Ängsten die atomare Bedrohungsangst in der jungen Generation durchschnittlich die verbreitetste und intensivste aller Ängste darstellt.

Überraschenderweise wird in der Studie festgestellt, daß die ,,politischen Ängste" (Angst vor dem Atomkrieg, vor der Umweltverschmutzung, vor der Explosion eines Atomkraftwerkes etc.) in allen Altersstufen und unabhängig vom Geschlecht, viel stärker ausgeprägt sind als die ,,persönlichen Ängste" (Angst vor dem Tod der Eltern, Krankheit, vor Schulversagen etc.).

Bei Kindern, die mit ihren Eltern an den Aktivitäten der Friedensbewegung teilgenommen haben, liegen die persönlichen Ängste niedriger und die politischen Ängste höher als in der Vergleichsgruppe.

Mädchen geben durchschnittlich mehr persönliche Ängste an als Jungen. Insgesamt läßt sich mit zunehmendem Alter ein Rückgang von persönlichen zu politischen Ängsten feststellen.

Fragen über das Ausmaß der Kriegsangst ergeben, daß 50 Prozent der Befragten innerhalb des letzten Monats mindestens einmal unter starker Kriegsangst gelitten haben, obwohl dieser Zeitraum durch keine besonders schwierigen internationalen Krisen, sondern eher durch das Genfer Gipfeltreffen von Reagan und Gorbatschow geprägt war. Weiter haben die Wissenschaftler festgestellt, daß die Hälfte aller Befragten glaubt, daß in den nächsten 20 Jahren ein Atomkrieg stattfinden wird.

Neben der Kriegsangst existieren jedoch auch andere Bedrohungsängste. Es würde eine Verkürzung des Problems bedeuten, wollte man die vielfältigen Bedrohungsängste der Kinder und Jugendlichen allein auf die nukleare Drohung zurückführen. Vier Gefahrenquellen kennzeichnen die neue Qualität von Bedrohungsängsten:

1. Die atomare Überrüstung;
2. die exponentielle Entwicklung von Technologien;
3. die rasanten Zerstörungsprozesse im Bereich der Ökologie;
4. die wachsende Arbeitsplatzproblematik.

Das festgestellte Anwachsen der Bedrohungsängste in den vier genannten Problemfeldern spiegelt für die Autoren sehr genau die Strukturprobleme der Gesellschaft wieder und zeigt auf, daß die junge Generation den Anpassungsprozeß an die geltende gesellschaftliche Kultur und ihre Ideologie noch wenig vollzogen hat.

3.2 Studien über kindliche Vorstellungen von „Krieg", „Frieden" und „Zukunft"

Die erste umfangreichere Studie über kindliche Vorstellungen von Krieg und Frieden stammt von Peter Cooper aus dem Jahre 1965 (Cooper 1965). Cooper befragte 300 englische und 110 japanische Schulkinder im Alter von 6 bis 16 Jahren. Die Kinder wurden gebeten aufzuschreiben, was ihnen spontan zu den Begriffen „Krieg" und „Frieden" einfällt, und wie sie „Krieg" definieren würden. Äußern sollten sich die Kinder zu den Umständen, die zum Krieg führen könnten und zu den Auswirkungen eines Krieges. Außerdem wurden sie gefragt, ob, und wenn ja, wie, sie sich einen Atomkrieg in der Zukunft vorstellen und welche Rechtfertigungsgründe es für einen solchen Krieg geben könnte. Schließlich wurden die Kinder um Einschätzungen zu konkreten historischen Kriegsereignissen gebeten.

Cooper geht, in Anlehnung an Jean Piaget, von der These aus, daß die geistige Entwicklung des Menschen in mehreren Stufen verläuft, die in erster Linie vom Alter des Heranwachsenden abhängig sind. In der Auswertung der Fragen, die zum großen Teil als offene Fragen formuliert worden sind, kommt Cooper zu folgenden Ergebnissen:

1. Ab einem Alter von 7 bis 8 Jahren sind Kinder in der Lage, Krieg und Frieden zu definieren.

2. Jüngere Kinder verbinden mit dem Begriff ,,Krieg'' überwiegend konkrete Dinge, wie Gewehre, Flugzeuge und Soldaten. Ältere Kinder nennen in erster Linie Konsequenzen des Krieges und äußern sich zu Kriegshandlungen.

3. Zum Begriff ,,Frieden'' äußern sich die Kinder aller Altersstufen weitaus weniger als zum Begriff ,,Krieg''. Mit ,,Frieden'' verbinden die Kinder hauptsächlich Ruhe, inneren Frieden, Abwesenheit von Krieg, in einigen wenigen Fällen aber auch internationale Kooperation und Freundschaft.

4. Während jüngere Kinder keinerlei Rechtfertigungsgründe für den Krieg nennen, gibt es einige ältere Kinder (ab 15 Jahre), die Krieg unter gewissen Umständen, z.B. als Bestrafung eines Aggressors, für gerechtfertigt halten.

5. Mit Blick auf die Zukunft glaubt die Mehrzahl der Kinder unter 12 Jahren,daß es in den nächsten 15 Jahren einen Atomkrieg geben wird. Mit zunehmendem Alter ändert sich die Meinung, und Jugendliche denken häufiger, daß ein Atomkrieg vermieden werden kann.

6. Mit zunehmendem Alter nimmt die Hoffnung ab, einen Atomkrieg zu überleben.

7. Setzt man die Ergebnisse mit dem Geschlecht der befragten Kinder in Beziehung, kommt man zu dem Ergebnis, daß Mädchen mit dem Begriff ,,Krieg'' weniger konkrete Aspekte, wie Waffen und Soldaten, als vielmehr die Kriegshandlungen, wie Töten, Kämpfen und Sterben, verbinden. Außerdem gibt es weniger Mädchen, die den Krieg unter gewissen Umständen für gerecht-

fertigt und notwendig halten. Eine Ausnahme liegt nur in dem Fall vor, daß Mädchen die Familie in Gefahr sehen.

Bei seinen wissenschaftlichen Kollegen stößt Cooper mit diesen Ergebnissen nicht auf ungeteilte Zustimmung. In den Jahren nach 1965 wird das Untersuchungsmodell von vielen Wissenschaftlern mit dem gleichen Ziel, aber in stark modifizierter und erweiterter Form übernommen. Während Cooper die Vorstellungen der Kinder und Jugendlichen über „Krieg" und „Frieden" vor allem mit den biologisch determinierten Faktoren Alter und Geschlecht in Beziehung gesetzt hat, werden von Alvik, Rosell und Haavelsrud weitere Analysefaktoren eingeführt.

Alvik (1968) kommt in seiner Untersuchung mit 172 Schülern in Norwegen zu dem Ergebnis, daß es eine Beziehung zwischen dem sozioökonomischen Status der Herkunftsfamilie der Kinder und den Vorstellungen von „Krieg" und „Frieden" gibt.

Kinder aller Schichten haben etwa gleichermaßen Zugang zu öffentlichen Informationsquellen (TV, Zeitung, Radio), um ihre Vorstellungen von „Krieg" und „Frieden" zu entwickeln. Unabhängig von der sozialen Schicht nutzen ältere Kinder diese Informationsquellen häufiger als jüngere Kinder. Eine wesentliche Informationsquelle über Fragen, die „Krieg" und „Frieden" betreffen, sind darüberhinaus die Eltern. Hier kommen nun nach Alvik die sozialen Unterschiede der Herkunftsfamilien zum Tragen. Kinder aus höheren sozialen Schichten reden wesentlich häufiger mit ihren Eltern über solche Fragen als Kinder aus niedrigeren Schichten. Aus diesem Grund verfügen Kinder aus sozial besser gestellten Familien über mehr und detaillierteres Wissen. Sie äußern sich sowohl zu den konkreten als auch zu den abstrakten Aspekten von „Krieg" und „Frieden". Der Faktor Alter spielt nach Alvik im Gegensatz zur Auffassung von Cooper nur eine untergeordnete Rolle.

Weiter stellt Alvik fest, daß Kinder mehr über die Auswirkungen eines Atomkrieges wissen als über Wege, wie ein solcher verhindert werden könnte. Im Ländervergleich äußern sich die norwegischen Kinder häufiger zum Thema Frieden als die englischen Kinder. Alvik führt das auf die insgesamt friedlichere Geschichte und pazifistischere Kultur in Norwegen zurück.

Nach Meinung von Rosell (1968), der 198 schwedische Kinder untersucht hat, beeinflussen vor allem die Faktoren Alter und Intelligenz die Vorstellungen von „Krieg" und „Frieden" und die kindliche Wahrnehmung von Konfliktsituationen. Rosell sieht den Einfluß

der Familie auf die Vorstellungen von ,,Krieg" und ,,Frieden" differenzierter als Alvik. Bis zum Alter von 11 Jahren werden die kindlichen Vorstellungen in erster Linie von der Herkunftsfamilie bestimmt. Mit zunehmendem Alter verstärkt sich der Einfluß der
Massenmedien und der Peer-Groups.

1972 führt Haavelsrud (1972) eine Untersuchung mit 505 Westber-
liner Schulkindern durch. Er stellt fest, daß jüngere Kinder mit dem
Begriff ,,Krieg" weniger die Konsequenzen, als vielmehr aktive
Kriegshandlungen verbinden. ,,Frieden" heißt für jüngere Kinder
in erster Linie Abwesenheit von Krieg und wird mit zunehmendem
Alter häufiger als friedliche Koexistenz zwischen den Staaten definiert. Ergebnisse früherer Studien, die aufzeigen, daß ältere Kinder
mehr Rechtfertigungsgründe für den Krieg nennen, werden von
Haavelsrud nicht gestützt. 90 % der von Haavelsrud befragten Kinder sehen die Kriegsursachen im Inneren der Menschen begründet.
Für die Mehrzahl der Kinder ist ein Krieg in den nächsten fünf Jahren unwahrscheinlich, allerdings rechnen die meisten Kinder mit einem Krieg in den nächsten 100 Jahren.

Angeregt durch Cooper, Alvik, Rosell und Haavelsrud werden bis
Anfang der siebziger Jahre in vielen Ländern Vergleichsstudien
durchgeführt, die sich z.T. deutlich in den jeweiligen Stichproben,
den Erhebungszeiträumen und in der Vorgehensweise unterscheiden. Targ untersucht 1972 die kindlichen Vorstellungen von interna-
tionaler Politik (Targ 1972), Jahoda und Statt befassen sich 1969 bzw.
1972 mit dem Nationalbewußtsein von Kindern (Jahoda 1969; Statt
1972), Mercer untersucht die besondere Sichtweise von Jugendlichen zum Thema Krieg und Frieden (Mercer 1972), und Zurick fertigt 1969 eine Studie über die kindliche Wahrnehmung internationa-
ler Konflikte an (1969). Nach einer längeren Pause der Ruhe zwischen 1972 und 1978 wird die Bearbeitung dieser Fragestellung erst
Ende der siebziger Jahre fortgesetzt.

1978 analysiert Miriam Spielmann 1224 Schulaufsätze von israeli-
schen und arabischen Kindern und Jugendlichen (Spielmann 1986).
Diese Aufsätze wurden z.T. vor und z.T. nach dem historischen Sadat-
Besuch in Jerusalem geschrieben. Spielmann kommt zu dem Resultat, daß israelische und arabische Kinder, die unter kriegsähnlichen
Zuständen herangewachsen sind, im Gegensatz zu den von Cooper,
Alvik u.a. untersuchten Kindern, mit dem Begriff ,,Frieden" nicht in
erster Linie die passiven Aspekte (Ruhe; Abwesenheit von Krieg),
sondern vor allem die aktiven Aspekte (Erfüllung ihrer Wünsche; soziale, ökonomische und nationale Entwicklung) verbinden.

Der Sadat-Besuch in Jerusalem hatte auf die Einstellung der Jugendlichen einen großen Einfluß. Während Frieden für die meisten Jugendlichen zwischen 17 und 18 Jahren vor dem Sadat-Besuch zwar gewünscht, aber, als unrealistisch und zweifelhaft erschien, änderte sich diese Einstellung nach dem Sadat-Besuch dahingehend, daß bei Jugendlichen eine große Hoffnung auf Frieden festzustellen war. Spielmann hat damit sehr deutlich die Auswirkungen des politischen Klimas auf die Einstellung von Kindern und Jugendlichen herausgearbeitet.

Falk und Selg, die Ende der siebziger Jahre eine Untersuchung im süddeutschen Raum durchgeführt haben, kommen zu dem Ergebnis, daß die Entwicklung von Vorstellungen über die Begriffe ,,Krieg" und ,,Frieden" nicht wie von Cooper vermutet in Stufen verläuft, sondern in Abhängigkeit von unterschiedlichen Faktoren wie Alter, Geschlecht, aber auch dem Anregungsgehalt der Umwelt mit ihren vorherrschenden politischen und weltanschaulichen Überzeugungen (Falk/Selg 1982).

Huschke-Rhein, der sich insbesondere mit den Vorstellungen von Kleinkindern befaßt hat, kommt zu dem erstaunlichen Ergebnis, daß 62 % der von ihm befragten vierjährigen Kinder eine akzeptable Antwort auf die Frage: ,,Was ist Krieg?" geben konnten. Krieg ist in den Antworten der Vierjährigen hochgradig negativ besetzt. Die Antworten der Fünfjährigen sind ähnlich, nur im ganzen schon etwas differenzierter. Interessant ist, daß bei einigen Kindern eine Art Rechtfertigungsversuch nach Art der Erwachsenenmoral unternommen wird, indem nicht Krieg oder das Töten als das ,,Böse" bezeichnet wird, sondern ,,die anderen" (Huschke-Rhein 1982).

3.3 Zusammenfassung

Der Überblick über die Ergebnisse von Forschungen zur Kriegsangst und zu den Friedenshoffnungen von Kindern, die Wissenschaftler seit den frühen sechziger Jahren in vielen Ländern der Welt durchgeführt haben, läßt sich folgendermaßen zusammenfassen:

1. Mit wenigen Ausnahmen haben die Wissenschaftler in ihren Untersuchungen Fragebögen, Interviews oder Schulaufsätze und Zeichnungen, die von den Schülern eigens für die Untersuchun-

gen angefertigt worden sind, mit standardisierten Verfahren analysiert. Dadurch wurde es möglich, statistisch abgesicherte, verallgemeinernde Aussagen über die Kriegsangst und die Friedenshoffnungen von Kindern zu treffen.

2. Die atomare Bedrohungssituation beeinflußt das tägliche Denken und Fühlen der Kinder. Sie setzen sich mit den Gefahren eines Atomkrieges häufiger und intensiver auseinander als allgemein angenommen wird.

3. Das Alter, in dem Kinder beginnen, sich mit der drohenden Kriegsgefahr auseinanderzusetzen, wird von den Wissenschaftlern unterschiedlich angesetzt. Für die einen sind Kinder bereits mit 4 Jahren in der Lage, eine aktzeptable Definition von Krieg zu geben, für andere beginnt die Auseinandersetzung mit dieser Problematik etwa mit 8 Jahren.

4. Die Vorstellungen von dem, was Kinder unter ,,Krieg" und ,,Frieden" verstehen, hängt ab vom Alter der Kinder, von der Geschlechtszugehörigkeit, vom sozialen Status der Herkunftsfamilie, dem politischen Klima, in dem sie heranwachsen, und vom Anregungsgehalt der Umwelt.

5. Das Wissen um die lebensbedrohlichen Auswirkungen eines Krieges äußert sich bei einem großen Teil der Kinder in starken Angstgefühlen. Von vielen Kindern wird die Angst vor einem Atomkrieg im Vergleich zu anderen Bedrohungsängsten, die das tägliche Leben mit sich bringt, an erster Stelle genannt. Bei jüngeren Kindern und bei Mädchen zeigt sich Kriegsangst am stärksten.

6. Ein großer Prozentsatz der befragten Kinder geht davon aus, daß ein Krieg unmittelbar bevorsteht, oder hält es zumindet für wahrscheinlich, daß sie in ihrem Leben noch einen Atomkrieg erleben werden. Die Überlebenschancen in einem Atomkrieg werden von der Mehrzahl der Kinder als sehr gering eingestuft. Mit zunehmendem Alter sinkt die Hoffnung, einen Atomkrieg zu überleben.

7. Ländervergleichsstudien stellen teilweise beträchtliche Unterschiede fest. So äußern sich z.B. sowjetische Kinder pessimistischer als amerikanische Kinder über die Überlebenschancen in einem Atomkrieg. Die sowjetischen Kinder sind jedoch häufiger davon überzeugt, daß ein Atomkrieg verhindert werden kann. In allen Ländern wächst diese Hoffnung mit zunehmendem Alter.

8. Kinder, deren Eltern sich an den Aktivitäten der Friedensbewegung beteiligen, haben in der Regel weniger Angst vor einem Krieg als Kinder von Eltern, die sich nicht engagieren.

9. Die Aussagen über die Auswirkungen der Kriegsangst auf die Persönlichkeitsentwicklung und die Zukunftsperspektive der Kinder sind vielfältig und teilweise widersprüchlich. Das Aufwachsen unter der atomaren Kriegsdrohung führt sowohl zu großer Verunsicherung, Ohnmacht und Resignation als auch zu Wut und aggressivem Verhalten. Viele Kinder haben unrealistische Vorstellungen vom Krieg und sind nicht in der Lage, sich mit der realen nuklearen Bedrohungssituation auseinanderzusetzen; fatalistische, apathische, egoistische und narzißtische Verhaltensweisen sind die Folge. Die Kinder sind zum Teil nicht fähig, längerfristige Lebensperspektiven zu entwickeln, finden keinen Raum, ihre Wünsche und Bedürfnisse nach Anerkennung, Abenteuer und Abwechslung zu erfüllen, weichen in regressive Ersatzbefriedigungen aus und leben nur noch nach dem Augenblick.

10. Aus psychoanalytischer Sicht entspringt die Kriegsangst nicht allein der Auseinandersetzung mit der realen atomaren Bedrohungssituation, sondern hat seine Ursachen auch in frühkindlichen Lebenserfahrungen. Trennungserlebnisse und verhinderte Bedürfnisbefriedigung werden von den Kindern als starke Bedrohung empfunden und spiegeln sich in ihrer Kriegsangst wieder.

4. Von Kriegsängsten und Wünschen nach Frieden

Was teilen Kinder den Erwachsenen, speziell den beiden Spitzenpolitikern der USA und der UdSSR, über ihre Kriegsängste und Wünsche nach Frieden mit? Die folgende Darstellung faßt die empirischen Untersuchungsergebnisse unter drei Hauptfragen zusammen.

1. Welche Vorstellungen, Ängste und Sorgen verbinden die Kinder mit den Stichworten Krieg und Rüstung? Welche Fragen haben die Kinder zu diesem Thema?
2. Welche Vorstellungen entwickeln die Kinder vom Frieden?
3. Welche Vorstellungen haben Kinder von den Wegen zum Frieden?

4.1 Welche Vorstellungen, Ängste und Sorgen verbinden die Kinder mit den Stichworten Krieg und Rüstung? Welche Fragen haben die Kinder zu diesem Thema?

,,Krieg" und ,,Rüstung" sind gegenüber ,,Frieden" und ,,Transformation zum Frieden" das dominierende Thema der Kinderbriefe. An ihm werden sowohl die vorhandene Sachkenntnis als auch die damit verbundene emotionale Beunruhigung sichtbar. Auch die Fragen, die in mehr als einem Drittel der Briefe formuliert werden, beziehen sich überwiegend auf dieses Thema. Eine dreizehnjährige Hamburger Schülerin nutzt ihren Brief an die beiden Spitzenpolitiker, um sich solche Fragen von der Seele zu schreiben:

,,Sehr geehrter Herr Reagan! Und sehr geehrter Herr Gorbatschow !

Ich hatte schon immer mal den Wunsch, Ihnen einen Brief zu schreiben, bzw. ein paar Fragen zu stellen. Ich bin zwar ,,schon" 13, scheine aber noch große Wissenslücken zu haben. Es heißt immer, die Waffen schützen uns vor dem Atomkrieg. Aber wenn da mal irgendjemand einen Fehler macht, kann immer mal passieren, auch mit Computern, dann geht so'n Ding los, und bums sind die Menschen und die Erde weg. (Es wäre doch schade drum). Gibt es aber gar keine Raketen, kann das doch auch gar nicht passieren!? Was nützen denn die Raketen überhaupt? Warum haben Sie eigentlich Streit miteinander? Da muß doch mal irgendwas gewesen sein! Was? Der 2. Weltkrieg? Kann man auf so lange Zeit aufeinander böse sein? Oder haben Sie gar keinen Streit? Warum dann der Aufwand (Atombomben etc.)? Warum können Sie nicht (wie jeder Mensch) mal sagen: Oh, Entschuldigung, ja, vergessen wir alles. Und: Geht klar, wir versuchen abzurüsten und jeder lebt in seinem Land friedlich und kein Mensch muß sich fürchten? Oder sehen Sie gar keine Menschen in sich? Und dann ist da noch die Sache mit der Macht. Was bedeutet Ihnen Macht? Geht es überhaupt um Macht? Was bedeutet einem Macht, oder was kann einem Macht bedeuten, wenn man immer daran denken muß, daß viele Menschen sich vor einem fürchten? Es bringt doch auch nichts, eine Rakete abzurüsten, wenn noch fünf dastehen!

Die Völker möchten sich doch gar nicht streiten, oder doch? (Ich jedenfalls nicht !!!) Und Sie vertreten doch die Völker! Ich (und vielleicht auch viele andere) weiß überhaupt nicht Bescheid, muß aber im Ernstfall meinen Kopf hinhalten.

Ich verstehe das alles nicht und würde mich riesig freuen, wenn Sie mir das mal erklären könnten!

Tschüß Dagmar

Bei den Äußerungen zum Thema „Krieg" und „Rüstung" lassen sich fünf Schwerpunkte unterscheiden, deren Bearbeitung die Unvereinbarkeit von Krieg und Rüstung im Atomzeitalter mit zentralen gesellschaftlichen Wertmustern belegt.

1. Die Bewertung von Krieg, Rüstung und speziell von Atomwaffen;
2. die Angst vor einem Krieg und seinen Auswirkungen;
3. Vorstellungen von und Fragen nach den Kriegs-, Rüstungs- und Konfliktursachen;
4. Fragen nach der Humanität von Politik;
5. Fragen nach dem Sinn von Atomwaffen, Rüstungsausgaben und Krieg angesichts der veränderten Problemlagen der Weltgesellschaft.

4.1.1. Die Bewertung von Krieg, Rüstung und Atomwaffen

Krieg wird von den Kindern in sämtlichen Briefen negativ bewertet und mit so eindeutigen Worten wie „schlimm", „abscheulich", „schrecklich" und „doof" klassifiziert. Bis auf die eine Ausnahme eines Jungen, der in der Rüstung auch einen gewissen Schutz vor der Rüstung der anderen sieht, gilt diese negative Bewertung ebenfalls für Rüstung und besonders für die Atomwaffen.

„Aber es gibt noch eine Katastrophe, die die ganze Menschheit und die Natur angeht. Ich meine, ein Mittel, mit dem man den größten Schatz, den die Bevölkerung gemeinsam besitzt, zerstören kann, ist eigentlich etwas, was nicht auf die Erde gehört. Die Atomwaffen sind für den, der weiß, was das ist, und sich vorstellen kann, was diese Waffen mit der Erde machen können, mehr als grausam." (Jochen)

Rechtfertigungen, die in der Erwachsenenwelt für die Aufstellung von Atomwaffen und die Option des Krieges zu Verteidigungszwecken vorgebracht werden, sind den Kindern fremd. In mehreren Fällen werden solche Argumente aber hinterfragt. Einige Kinder verweisen dazu auf die historische Erfahrung; andere äußern ihre Kritik gegenüber der Logik der Abschreckung.

„Sie lassen Atombomben und Raketen bauen mit der Begründung, um einen vermeintlichen Feind abzuschrecken und dadurch ihr Volk zu schützen. Die Erfahrung hat aber gezeigt, daß immer, wenn Waffen gesammelt werden, man diese auch einsetzt." (Sibylle, 8.Kl.)

„Bitte schaffen Sie die Atombomben und Raketen ab, nur weil die Russen auch Raketen haben, müssen wir es Ihnen gleich tun?" (Marita)

Der schärfste Einwand gegen das fortgesetzte Rüsten ist jedoch die Angst.

4.1.2 Die Angst vor dem Krieg und seinen Auswirkungen

In etwa 20 % der von uns ausgewählten Briefe berichten die Kinder von der Angst vor dem Krieg. Mit Hilfe der Briefform überwinden sie die mit Angst häufig verbundene Sprachlosigkeit, machen damit die Angst selber zum Thema der politischen Erörterungen und setzen die Adressaten somit unter den Druck, mit Ängsten konstruktiv umzugehen. Viele Kinder, die sich zu ihrer Angst vor dem Krieg bekennen, erwähnen diese Angst sehr allgemein.

„Wir alle haben Angst vor einem neuen Krieg", (Ruth)

„Ich habe Angst vor Raketen. Und meine Katze Tiffy auch." (Christian, 6 J.)

Einige Kinder verbinden die Thematisierung ihrer Angst mit Fragen nach den Gründen und der Berechtigung von Krieg und Angstverbreitung. Ihnen ist unverständlich, warum Menschen Kriege vorbereiten und Waffen produzieren, wenn dadurch Angst und Furcht erzeugt wird.

„Krieg ist sehr schlimm. Ich habe Angst vor Krieg. Viele Menschen haben auch Angst. Warum machen sie eigentlich Krieg?" (Erika)

„Ich habe unsagbare Angst bei dem Gedanken, daß Tausende von Raketen auf Menschen zielen, die nichts getan haben." (Karl)

Mehrfach fordern Kinder Abrüstung, um keine Angst mehr haben zu müssen.

„Hiermit drücke ich Ihnen meine Angst aus und sage Ihnen, daß Sie bitte mit diesem Rüstungswettstreit aufhören." (Ursula)

„Ich habe Angst vor dem Atomkrieg. Bitte schaffen Sie die Atomraketen ab. Schaffen Sie Gewehre, Panzer ab." (Dieter)

Viele Kinder begründen ihre Angst. Sie verweisen auf die Gefahr, daß ein Atomkrieg durch menschliches Versagen oder durch technische Fehler ausgelöst wird und nicht mehr unter Kontrolle zu bringen ist.

„Hiermit möchte ich Ihnen mal sagen, wieviel ich Angst vor dem Krieg habe und besonders vor dem Atomkrieg. (…) Aber was ist, wenn jetzt durch einen Fehler eines Menschen oder eines Computers der Atomkrieg ausgelöst wird? Und genau vor dem habe ich Angst." (Anne, 12 J.)

Direkte Kriegserfahrung haben die Kinder nicht gemacht — einige aber haben Erfahrungen mit dem Militär, aus denen sie auf die Kriegssituation schließen.

„Krieg tötet viele Menschen. Im Krieg hat man ständig Angst, erschossen zu werden, Im Krieg ist man ständig auf der Flucht. Im Krieg leidet man bestimmt auch Hunger." (Conny)

Andere Kinder berichten von persönlichen Erfahrungen. Ein Mädchen schildert Zerstörungen auf dem heimischen Bauernhof durch Panzer während eines Manövers und schließt daraus, wie gefährlich ein Krieg ist und daß er verhindert werden muß.

,,Es ist ja interessant, wenn bei einem Manöver die Panzer bei uns vorbeifahren, aber es ist auch nicht ungefährlich. Auch die Schäden sind nicht gerade schön. Ich wohne auch auf einem Bauernhof, und ich weiß, wie es manchen bei der Ernte geht. Wir hatten das auch vor drei Jahren, mit unseren Rüben. Auch die Beregnungsanlage war kaputt. Einige Teile konnten wir zwar noch gebrauchen, aber nicht alle. Die Kartoffelernte war auch im Eimer. Deshalb möchte ich nun keinen Krieg." (Juliane, 12 J.)

Die Kriegsangst der Kinder gründet nicht in eigenen Kriegserfahrungen. Erzählungen von Eltern, Großeltern und Lehrern, Filmberichte und Reportagen über den Zweiten Weltkrieg und die Atombombenwürfe in Japan bilden die Grundlage für das Wissen um die Auswirkungen eines Atomkrieges, mit dem die Kinder ihre Angst begründen. Die Beschreibung der Auswirkungen eines Krieges nimmt in den Briefen viel Raum ein. In mehr als der Hälfte der Briefe äußern sich die Kinder zu den Folgen eines Atomkrieges. Auch der Zweite Weltkrieg ist nicht vergessen.

,,Wie Sie wissen, wurde am 6. 8. 1945 die erste Atombombe in Hiroshima abgeworfen, um die Japaner einzuschüchtern. Damals wurden über 80 000 unschuldige Menschen getötet und über 100 000 verletzt. An den Spätfolgen der Atombombe (radioaktive Strahlen) starben bisher über 200 000 Japaner. Auch heute nach 40 Jahren sterben immer noch unschuldige Menschen." (Gerlind, 7.Kl.)

,,Mein Opa ist auch wegen dem Krieg gestorben. Meine Oma ist sehr traurig gewesen und ist heutzutage auch traurig. Meine Mutter war gerade 4 Jahre alt als ihr Vater starb. Damals hätte sie einen Vater gebraucht. Meine Oma hat 9 Kinder gehabt als ihr Mann starb. Sie hat ihre Kinder mit Mühe und Not ernährt. Ich will es nicht, daß alle sterben und große Not über unser Vaterland kommt. (...) Ich hasse den Krieg." (Franz, 13 J. und weitere 10 Unterschriften)

,,Ich schreibe diesen Brief an Sie beide, weil ich Ihnen schreiben möchte, wie ich mich fühle, unter der Angst vor dem Atomkrieg zu leben. Mein Großvater hat mir erzählt, was damals in Japan passiert ist, seitdem habe ich Angst. Angst davor, daß wenn mal einer durchdreht und dann auf den berühmten Knopf drückt. (...) Ich habe gelesen, daß man mit den Waffen, die wir jetzt haben, 6 Mal die Erde zerstören kann." (Inge)

Die Kinder wissen: Die Zerstörungskraft der Atomwaffen steht heute in keinem Vergleich zu den Waffen früherer Kriege.

,,Ich habe Angst vor dem Krieg. Wenn man das so hört, wie sich die Menschen früher gequält haben und heute sind die Waffen noch viel schlimmer." (Heike)

Neben den tödlichen Folgen des Einsatzes von Atomwaffen werden auch die zerstörerischen Auswirkungen von chemischen und bakteriellen Waffen sowie der Neutronenwaffe benannt.

,,Atombomben für sich sind schon fürchterlich, aber es gibt noch Fürchterlicheres wie chemische, bakterielle und Neutronenwaffen. Aber ist es überhaupt möglich zu sagen, welcher Tod schlimmer ist: der durch Verglühen, der durch tagelanges und wochenlanges Leiden an der Strahlenkrankheit oder der durch Versaften? Eine dieser Möglichkeiten genügt, um alles zu vernichten." (Margret, 17 J.)

Auch in den vorliegenden Kinderbriefen lassen sich nach einem Vorschlag von Petri (Petri et al. 1986; S. 75) ,,persönliche Ängste" um die eigene Unversehrtheit und Lebensverwirklichung und ,,politische Ängste" um das Weiterleben und die Entwicklung der Menschheit unterscheiden.

Bei den ,,persönlichen Ängsten" steht in den Briefen die Angst vor dem eigenen Tod und einem langen, qualvollen Sterben ohne Chance zum Neuanfang im Vordergrund.

,,Wir haben mit unseren 15 Jahren Angst, daß wir mit 20 Jahren bei einem Atomkrieg langsam und qualvoll sterben. Wenn ältere Menschen vom Ersten oder Zweiten Weltkrieg erzählen, dann sind dies schreckliche Erzählungen. Doch sie haben überlebt und neu angefangen, aber das können wir nicht mehr. Innerhalb eines Tages wird die Welt vernichtet sein, dann überlebt keiner. Keiner kann danach neu anfangen. Es ist aus!" (Constanze, Marlene)

,,Ich möchte mich nicht mit 8 Jahren in einem Grab wiederfinden." (Hans)

Die ,,persönliche Angst" umfaßt nicht nur den eigenen Tod, sondern auch den Tod nahestehender Personen, insbesondere aus der Familie, und die Angst um die eigene Zukunft. Das Wissen über die Auswirkungen eines Atomwaffeneinsatzes verbindet sich mit der Furcht, entweder keine oder durch Radioaktivität behinderte Kinder zu bekommen.

,,Ich habe Angst vor den Atombomben und vor dem Krieg. Ich möchte nicht, daß meine Kinder als Krüppel zur Welt kommen nur wegen den gefährlichen Strahlen. Bitte schaffen Sie die Atombomben und Raketen ab." (Elke)

,,Wir wollen keinen Krieg, sondern Frieden. Und wir wollen, daß die Atomwaffen abgebaut werden. Und daß die Weltraumwaffen erst gar nicht gebaut werden. Wir haben Angst um unsere Zukunft. Und wir haben Angst um unsere Familie." (Ulrich)

Mehrere Kinder stellen fest, daß der Krieg sie in ihren Entfaltungsmöglichkeiten und Freiheiten beschneiden würde. Im Krieg ist das, was sie sich als ein normales und gutes Leben noch vorstellen können, nicht möglich.

„Ich möchte gerne Frieden, weil, wenn Krieg ist, dann kann ich im Sommer nicht auf der Wiese spielen. Die Vögel sollen zwitschern, das geht nicht, wenn Krieg ist. Bitte vertragt Euch! Ich schwimme gerne und tauche sehr gerne und möchte deshalb nicht, daß das Schwimmbad durch Waffen und Atombomben zerstört wird." (Franziska, 10 J.)

„Ich möchte auch nicht, daß Menschen immer im Keller oder Bunker sitzen und vor Angst zittern." (Doris)

„Es muß doch schrecklich sein, im Krieg zu leben." (Corinna, 5.Kl.)

Häufiger als die „persönlichen Ängste" werden die „politischen Ängste" um die Menschheit in Ost und West, Nord und Süd und um die globale Zukunft angeführt. Vielen Kindern ist bewußt, daß der Einsatz von Atomwaffen das Überleben der Menschheit gefährdet und daß selbst dann, wenn es einigen Menschen gelänge, einen atomaren Einsatz zu überleben, sie in Krankheit und Elend leben würden. Krieg ist für viele Kinder gleichbedeutend mit dem Untergang der Welt und der Zerstörung des elementaren Rechts auf Leben und Zukunft.

„Wenn es einen dritten Weltkrieg geben wird, werden alle alten und vor allem alle jungen Menschen, die ein Recht auf Zukunft haben, sterben." (Wolfgang, 7. Kl.)

„Das nützt doch keinem etwas. Ihr versetzt doch die Bevölkerung nur in Angst und Schrecken. Wenn einer von Euch noch so einen sinnlosen, schrecklichen Krieg anfängt, vernichtet er sich und eine große, unschuldige Bevölkerung doch selbst. Das will ja wohl hoffentlich keiner von Ihnen riskieren. Deshalb ist die ganze Nachrüstung doch Unsinn. Oder? (…) Habt Ihr schon einmal ausgerechnet, wieviele Menschen man mit dem Geld für eine Pershing II oder SS 20 sattmachen kann? (…) Mit so einem Schwachsinn kann man sich doch nicht beliebt machen. Und das ist ja wohl etwas, was sehr viel zählt. Bitte denkt darüber nach und habt Mut zu einer großen Tat." (Peter)

In einem Teil der Briefe werden Aussagen über die Folgen eines Atomkrieges speziell für Europa und insbesondere für die Bundesrepublik Deutschland gemacht. Die Kinder realisieren, daß die Bundesrepublik bei einem Krieg zwischen den Supermächten geographisch im Zentrum liegen würde.

,,Wenn Rußland (Sowjetunion) und Amerika Krieg haben, sind wir es, die die meisten Bomben abbekommen." (Gisela, 12 J.)

,,Denn wir liegen genau in der Mitte und wenn die Atombomben nicht so weit fliegen, sind wir am Ende, deshalb wollen wir Frieden." (Alfred, 8 J.)

,,Wir Europäer würden vielleicht die Ersten sein, die tot sind. (Barbara, 6.Kl.)

In einer Reihe von Briefen drücken die Kinder die Globalität der Kriegsfolgen aus, indem sie sich explizit an Reagan und Gorbatschow richten und diesen beiden Politikern mehr oder weniger drohend mitteilen, daß auch sie einen Atomkrieg nicht überleben werden.

,,Überlegen Sie, daß auch Sie sterben, wenn ein Atomkrieg beginnt." (Klaus)

Ein Atomkrieg — wissen die Kinder — bedeutet den sofortigen Tod vieler tausend Menschen und die Zerstörung ihrer Lebensgrundlage, und er hat jahrelanges Leiden, ausgelöst durch die radioaktive Verseuchung der Erde, zur Folge. In eindringlichen Worten beschreiben mehrere Kinder die Auswirkungen des Einsatzes von Atomwaffen, vor denen es keine Rettung gibt.

,,Auch denke ich oft daran, was mit Menschen passieren würde, die überleben. Erstens würden sie ja fast alle Krüppel sein. Zweitens, von was sollten sie denn leben? Die Tiere sind dann auch alle gestorben und verseucht worden, und das angebaute Gemüse und Obst wäre auch durch die Luft verseucht. Also was würde es anderes geben als den Tod, wenn ein Atomkrieg kommt! Wenn ein Atomkrieg kommt, würde ich vorher Selbstmord begehen, da ich nicht qualvoll sterben möchte." (Christiane, 12 J.)

Einige Kinder beschreiben in ihren Briefen auch die Folgen, die Aufrüstung und Kriegsvorbereitungen bereits in Friedenszeiten haben und stellen einen Zusammenhang zwischen Rüstung und Unterentwicklung her.

,,In jedem Jahr werden Millionen von Dollar für die Rüstung ausgegeben. In der Dritten Welt hungern die Menschen. Und alle 2 Sekunden sterben Kinder!" (Gudrun)

,,Äthiopien muß hungern und Sie geben das Geld für Waffen aus und vernichten mit ihnen Leben. Darum Waffen weg und Frieden her." (Roland)

Nicht immer klingen die Briefe so kämpferisch. Für einige Kinder verbindet sich das Wissen um die Atomkriegsgefahren mit dem Gefühl der Hoffnungslosigkeit.

„Wenn eine Atombombe fällt, können wir alle an der Atomkrankheit sterben. Denn die Strahlen gehen um die Welt, und wir können uns nicht wehren." (Volker, 8 J.)

„Wir Kinder können später nichts mehr ändern." (Kindergruppe)

4.1.3 Vorstellungen und Fragen zu den Ursachen von Krieg und Rüstung

Während viele Kinder Aussagen zu den Folgen und Auswirkungen eines Atomkrieges machen, spielt die Darstellung der Ursachen und Gründe für Rüstung und Krieg eine untergeordnete Rolle. Für die Entstehung von Kriegen und den angsterregenden Zustand der Kriegsdrohung geben die Kinder in den meisten Fällen keine Erklärungen, als wäre Krieg ein Schicksal auch ohne Zutun oder gar wider den Willen der Menschen. „Wenn wieder ein Krieg kommen sollte, ...", oder „wenn es irgendwann einmal so weit ist, daß sie aufeinander schießen, ..." sind typische Formulierungen, in denen eine solche fatalistische Haltung zum Ausdruck gebracht wird.

„Keiner möchte töten und getötet werden, und trotzdem gab es und gibt es immer noch Krieg." (Sabine, Jutta, 19 J.)

Eine Delegitimierung von Krieg und Rüstung läßt sich aus solchen Sätzen nicht ablesen. Dennoch sprechen zwei Gründe für die Auffassung, daß die Unvereinbarkeit von Krieg und Rüstung mit zentralen gesellschaftlichen Wertmustern auch am Themenfeld Kriegs- und Rüstungsursachen an den Kinderbriefen ablesbar ist. Der erste Grund: In etwa fünfzehn Prozent der Briefe ist von einem oder mehreren Gründen, die zum Ausbruch eines Krieges führen können, die Rede; sie alle aber sind ungeeignet, über die Erklärung hinaus, den Krieg, die Kriegsdrohung und das damit verbundene Leid, die Angst und den Schrecken zu rechtfertigen — wie das bei dem Motiv „Verteidigung" einmal der Fall war. Als Ursachen, Gründen und Bedingungen von Kriegen werden von den Kindern genannt:

a) die Existenz von Rüstung:

„Die Erfahrung hat aber gezeigt, immer, wenn Waffen gesammelt werden, man diese auch einsetzt." (Marieluise, 8.Kl.)

b) die Unfähigkeit der Menschen, friedlich miteinander umzugehen:

,,Wenn neue Waffen hergestellt werden und Krieg entsteht, bloß weil die Menschen es nicht schaffen auf einer Welt in Frieden zusammen zu leben, fände ich das schrecklich." (Birgit)

,,Wenn Sie sich streiten müssen, dann bitte mit Worten." (Doro, 11 J.)

c) zwischenstaatliche Meinungsverschiedenheiten, die — obwohl eher banal als relevant — zu Streit und politischen Auseinandersetzungen führen und schließlich in Krieg enden:

,,Nur weil ein paar Länder streiten, sterben Tausende von Menschen." (Anke)

,,Es sind bloß politische Auseinandersetzungen, die den (...) Krieg fabrizieren." (Ilse, 8.Kl.)

d) menschliches Versagen und Fehler in der Waffentechnik, die zu Unfällen mit unabsehbaren Folgen führen können:

,,Selbst wenn es nicht zu einem 3. Weltkrieg kommt, was das Ende dieser Welt bedeuten würde, so kann es leicht einen Unfall geben, und das würde genau so fürchterlich sein." (Maria, 17 J.)

e) Vorurteile, Rivalitäten, Machtstreben und moralisches Fehlverhalten der Politiker, insbesondere der beiden Spitzenpolitiker, bei denen die Entscheidungsgewalt und Verantwortung für einen Krieg angesiedelt wird:

,,Ich finde, daß Sie sich eigentlich nur übertreffen wollen. (Roswitha, 11 J.)

,,Ihre Meinungen sind durch Vorurteile geprägt." (Helmut)

Sarkastisch klingt die Äußerung eines siebzehnjährigen Jungen aus Cuxhaven:

,,Der Atomkrieg würde wohl alle Ihre Probleme auf einen Schlag lösen. Aber zum Glück haben Sie ja einen privaten Atombunker für sich und Ihren Regierungsstab. Sehr beruhigend, das zu wissen." (Ralph, 17 J.)

Die im Vergleich zu den Vorstellungen über Kriegsfolgen nur gering entwickelte Vorstellungskraft über Ursachen und Motive für Rüstung und Krieg entspricht der historischen Delegitimierung des Krieges und der damit einhergehenden Ratlosigkeit bei der Erklärung von Kriegen, mit der auch die Erwachsenen und die Kriegsursachenforschung zu kämpfen haben. Die aktuelle Unfähigkeit zur Erklärung von Kriegen ist nicht mehr einfach nur als ein Wissensdefizit zu betrachten, sondern ebenso als ein kollektiver, auch emotional verankerter Lernprozeß. Er besteht darin, daß Krieg angesichts der damit verbundenen Zerstörungsgewalt, Not und Angst auf der Basis der verinnerlichten Wertmuster nicht mehr rechtfertigungsfähig und damit auch unerklärlich, unverständlich und unbegreifbar geworden ist. Rüstungs- und Kriegsursachen werden nicht mehr nur deshalb so wenig thematisiert, weil die Existenz des Krieges selbstverständlich wäre, sondern gerade auch deshalb, weil diese Selbstverständlichkeit nicht mehr erklärend gerechtfertigt werden kann.

Eng mit dem ersten Grund zusammen hängt der zweite, aus dem heraus wir eine Delegitimierung des Krieges anhand des Themenfeldes ,,Kriegs- und Rüstungsursachen" erkennen. Daß das nach wie vor in der internationalen Politik zumindest auf der symbolischen Ebene vorhandene Freund-Feind-Schema USA-UdSSR mit seiner rüstungslegitimierenden Funktion in den Kinderbriefen kaum sichtbar wird, ist nicht verwunderlich, da die Kinder ja einen Beitrag zur Überwindung von international organisierter Feindschaft leisten wollen. Überraschend ist jedoch, daß die Kinder eine Fülle von Fragen zum Thema Kriegsursachen an die Stelle von Erklärungen und Vermutungen setzen. Es handelt sich um Fragen, die nicht allein in ihrem wörtlichen Sinne ernst zu nehmen sind. Sie können überhaupt nur dann beantwortet werden, wenn sie in ihrem provozierenden Gehalt, der auf die Unrechtmäßigkeit des Krieges aufmerksam macht, verstanden werden. Fünf Fragedimensionen lassen sich in den Kinderbriefen unterscheiden.

Die Kinder fragen erstens nach den Gründen für die Aufrüstung, das Wettrüsten, die Existenz von Waffen, Raketen, Bomben, für die Unfriedlichkeit und das Töten.

> ,,Warum machen Sie Krieg? Und wenn einer gewonnen hat, hat er nur Land und Tote." (Reiner)

> ,,Warum gibt es denn überhaupt Waffen? Warum töten einige Menschen?" (Gerd)

Die Kinder fragen zweitens nach den Gründen für das Scheitern von Verständigung und Abrüstung wie nach dem Konfliktinhalt, der die Völker trennt.

> ,,Kann man sich denn nicht einigen? Können nicht alle Kontinente gleichzeitig abrüsten?" (Claudia, 7. Kl.)

Andere Fragen richten sich kritisch darauf, ob Rüstung, Krieg, Unfriedlichkeit mit gesetzmäßiger Notwendigkeit und Zwanghaftigkeit gegeben sind und implizit darauf, ob und welche Chancen der Veränderung bestehen.

,,Muß das sein?" (Carmen)

,,Kann es keinen Frieden ohne Waffen geben?" (Torsten, 8. Kl.)

In einer vierten Gruppe von Fragen, die bereits zum folgenden Abschnitt ,,Fragen nach der Humanität von Politik" überleitet, werden die beiden angeschriebenen Politiker direkt als diejenigen angesprochen, die Krieg und Rüstungswettlauf aus unerklärlichen Gründen betreiben.

,,Warum wollt Ihr immmer mehr Waffen?" (Heidemarie, 10 J.)

,,Wieso rüsten Sie eigentlich auf?" (Helga, 10 J.)

,,Warum wollen Sie eigentlich immer nur Krieg? Warum verderben Sie die Welt?" (Elisabeth)

Eine fünfte Fragerichtung bezieht sich auf die Diskrepanz zwischen humanen Anstößen und dem realen politischen Handeln von Staaten und Staatsmännern. Kinder, die nach der Beziehung von Moral und Politik fragen, sprechen die beiden Staatsmänner in der Regel direkt persönlich an.

4.1.4 Die Frage nach der Humanität der Politik

Zum einen thematisieren die Kinder in ihren Fragen den erlebten Widerspruch zwischen der Meinung des Volkes und der Politik. Sie fordern Antworten auf die Merkwürdigkeit, daß einerseits Frieden zu einem allgemein anerkannten Wert geworden ist und sich eben nicht nur die Anhänger der Friedensbewegung dafür aussprechen, und andererseits die Regierenden doch uneinsichtig bleiben, so daß Krieg und Rüstung unvermeidbar erscheinen.

,,Warum hört Ihr nicht darauf, was die Bürger sagen?" (Verena)

,,Fast alle wollen Frieden ohne Waffen! Warum nehmt Ihr das nicht zur Kenntnis?" (Thea)

,,Kein Land auf der Erde möchte Krieg, doch alle rüsten. Sagen Sie uns einen vernünftigen Grund dafür! (...) Können Sie das verantworten, mit zwei Mann die ganze Welt zu regieren?" (Sieglinde, Renate, 15 J.)

Die Entfremdung der Politik von den Bürgern kommt auch in einer zweiten Gruppe von Fragen zum Ausdruck, die an das Gewissen, die Verantwortung und die Gefühle der Politiker appellieren, indem sie zusammen mit dem Hinweis auf die Folgen des Rüstens die moralische Integrität und das Selbstbild der Politiker zur Sprache bringen.

„Sind Sie sich im Klaren darüber, daß es nach dem Dritten Weltkrieg überhaupt kein Leben mehr geben wird? (…) Schrecken Sie nicht zurück beim Gedanken an einen qualvollen, schrecklichen Tod? (Kindergruppe)

„Können Sie es überhaupt mit Ihrem Gewissen verantworten, wenn Sie wissen, daß im Krieg die Welt zerstört würde?" (Petra)

„Wenn wir rüsten und ein Krieg entstehen würde, würde unzählig vielen Kindern ihre Jugend durch Krieg verdorben. Wollen Sie das denn?" (Natalie)

Ein Teil dieser Fragen an die Staatsmänner aus den USA und der UdSSR verdeutlicht die Betroffenheit der Kinder in geographischer Hinsicht als Deutsche sowie als Kinder, die ein eigenes Leben noch vor sich haben möchten. Mit solchen Fragen appellieren die Kinder an die beiden Politiker, einen Perspektivwechsel vorzunehmen.

„Überlegen Sie mal, was sie mit diesen gefährlichen Atomwaffen tun! Ich finde es nämlich nicht gut, wenn Sie da eine Rakete losschicken, und wir dann sterben. Ich möchte auch noch leben. Und warum können Sie einen Streit nicht so lösen wie wir? Wir schießen auch nicht gleich auf uns. (…) Stellen Sie sich mal an unsere Stelle, fänden Sie es gut? Bestimmt nicht. Also überlegen Sie es sich noch mal!" (Robert, 12 J.)

Einige Fragen führen das Problem mangelnder Humanität in der Politik in besonders eindrücklicher Form vor Augen. Mehrere Kinder schlagen vor, die Konflikte zwischen den Staaten so zu lösen, wie man eben im zwischenmenschlichen Bereich dabei vorgeht. Man entschuldigt sich und verträgt sich. Eine junge Hamburgerin wird bei dem von ihr eingebrachten Vorschlag, sich auf menschliche Weise zu einigen, selber skeptisch:

„Oder sehen Sie gar keine Menschen in sich?",

und sie verbindet diese Überlegung mit der Frage:

„Was bedeutet Macht, (…) wenn man immer daran denken muß, daß viele Menschen sich vor einem fürchten?" (Dagmar)

Kinder fragen nach der Unmenschlichkeit der Politik nicht aus der Sicht der handelnden Politiker, sondern aus der Sicht der Menschen, die sich einer solchen Politik ausgeliefert sehen. Ihr Leben erfährt dadurch einen Sinnverlust.

„Wozu sind und werden wir eigentlich geboren? Um einen Tod zu sterben, der grausam und schnell oder schleichend vor sich geht?" (Isabelle)

4.1.5 Die Frage nach dem Sinn von Atomwaffen, Rüstungsausgaben und Krieg angesichts veränderter Problemlagen

Schließlich thematisieren die Kinder den unübersehbaren, aber politisch nicht eingestandenen Funktionsverlust militärischer Gewalt aufgrund der Entwicklung menschlicher Zerstörungspotentiale einerseits und globaler menschlicher Bedürfnisse und Wünsche andererseits. Eine große Serie von Fragen demonstriert, daß militärische Gewalt nicht mehr als sinnvoll verstanden werden kann. So zweifeln die Kinder: Worin liegt der Sinn der Atomwaffen, weiterer Rüstungsausgaben und des Krieges

a) angesichts der Erfahrung von Hiroshima und Nagasaki, insbesondere der Situation der betroffenen Kinder,
b) angesichts des Wissens um die Vernichtungswirkung eines Dritten Weltkrieges und der Zerstörung der Jugend unzähliger Kinder,
c) angesichts der Gedanken an einen qualvollen schrecklichen Tod,
d) angesichts der Uneinsetzbarkeit von Atomwaffen,
e) angesichts der Kriegsgefahr durch einen technischen Fehler,
f) angesichts der hohen Waffenbestände,
g) angesichts der Hilfsbedürftigkeit in der Dritten Welt und des Bedarfs an finanziellen Mitteln für sinnvolle Zwecke allem voran zur Bekämpfung des Hungers, aber auch zur Bekämpfung von Krankheiten durch Einrichtung von Krankenhäusern, medizinischer Forschung, zum Schutz von Umwelt, Luft, Wasser, Boden, Wald, (aussterbenden) Tieren, Pflanzen, Gewässern, zur Hilfe für Arbeitslose sowie für alte und kranke Menschen,
h) angesichts des auch den Spitzenpolitikern Gorbatschow und Reagan unterstellten Wunsches, für eine friedliche und schöne Zukunft ihrer Kinder und Enkelkinder sorgen zu wollen?

Aus den zahlreichen Fragen einige Beispiele:

,,Atomraketen sind zu nichts nütze." (Karin, 13 J.)
,,Warum rüsten Sie eigentlich nach? Sie haben doch schon genug? (…)
Würden Sie, Herr Reagan, Herrn Gorbatschow mit Atombomben angreifen? Nein! Würden Sie nicht. Und Sie, Herr Gorbatschow, würden Sie Herrn Reagan mit Atombomben angreifen? Nein!" (Richard)
,,Warum verwenden Sie das Geld nicht für die Forschung, für medizinische Zwecke und für hungernde Menschen, statt für Waffen aller Art?" (Norbert)

„Sie wollen doch sicher auch, daß Ihre Kinder und Enkelkinder in einer friedlichen Zukunft leben?! Wäre es daher nicht sinnvoller, das Geld nicht für die Rüstung, sondern für den Schutz unserer Umwelt (Luft, Wasser, Boden, Tiere und Pflanzen) auszugeben?" (Kindergruppe, 8-9 J.)

„Ich wollte Sie fragen, wieso Sie aufrüsten? Warum die Atombombe? Sie vernichten doch alles! Was hat das für einen Zweck? (…) Wieso geben Sie so viel Geld für Atombomben aus, wo in der Dritten Welt jede Sekunde Menschen an Hunger sterben?" (Gaby, 6. Kl.)

„Wäre es nicht nützlicher, das Geld, welches Sie in die Rüstung investieren, für notwendigere Dinge auszugeben, wie zum Beispiel für aussterbende Tiere, für die hungernden Kinder in der Dritten Welt, für arbeitslose Menschen, für alte und kranke Menschen, für den Wald, die verdreckten Gewässer, für die Medizinforschung und ähnliches? (Susanne)

„Warum wird soviel Geld für Bomben und Raketen ausgegeben, wo in anderen Ländern Menschen hungern. (…) Haben Sie einmal die Kinder in Hiroshima gesehen?" (Ute)

Die eigenen Antworten, die die Kinder auf die Kernfragen, insbesondere auf die Fragen nach den Motiven des fortgesetzten Rüstens, zu geben versuchen, spiegeln die Unbegreiflichkeit der Rüstungssituation wider. Die Ursachen und Gründe bleiben ein Rätsel.

„Warum macht Ihr Krieg? Ihr macht es, als ob Euch das Spaß macht! Wer Krieg macht, ist dumm! Weil Ihr Eure eigene Heimat zerstört. (…) Viele Milliarden Dollar gebt Ihr aus, nur für Waffen, macht Euch das Spaß?" (Marlies)

„Warum können Sie sich nicht einigen? Weshalb muß ein Land immer mehr Recht haben als das andere?" (Jutta, 10 J.)

„Warum gibt es Waffen? Wozu? Nur um Menschen zu töten, um dann noch mehr Macht zu haben? Um noch mehr kaputt zu machen?" (Thomas, 12 J.)

Ein fünfzehnjähriges Mädchen zitiert aus einem Lied von Udo Lindenberg:

„Wozu sind Kriege da? Die laden Gewehre und bringen sich gegenseitig um. Sie sterben sich gegenüber und könnten Freunde sein, doch bevor sie sich kennenlernen, bringen sie sich um!" und fügt hinzu: „Warum sollte man sich gegenseitig umbringen? Nur wegen einer Meinungsverschiedenheit, Imperialismus oder nur aus Prestige?" (Moni, 15 J.)

Keiner der angeführten Gründe und Motive (Spaß, Vergessen, Rechthaberei, Zerstörungslust, Meinungsverschiedenheiten, Imperialismus, Prestige) kann in den Augen der Kinder Rüstung und das Leben mit der Gefahr des Krieges rechtfertigen. Daß Rüstung zur Sicherung der Lebensbedingungen dienen könnte, diese offizielle Sinnzuschreibung kommt den Kindern, die sich an der Briefaktion beteiligt haben, nicht mehr oder noch nicht in den Sinn. In einem Fall haben wir allerdings eine Sinnzuschreibung gefunden, die zwar nicht Teil offizieller Politik ist, aber die auch unter Erwachsenen heimlich vertreten wird. Ein Kind beschreibt das Problem und liefert den schockierenden Vorschlag mit dem er seinem eigenen Vorschlag widerspricht, mit dem durch Abrüstung frei werdenden Geld in der Dritten Welt zu helfen:

,,Mit Millionen von Mark könnte man Millionen von Menschen retten. Aber warum gibt man diese Millionen von Mark für 50000 Atomwaffen aus, um Menschen zu töten? Warum hilft man nicht in der Dritten Welt oder in Mexiko? Wir sind bald überbevölkert, aber trotzdem sterben viele, viele Menschen. Grausam. Könnten die Menschen nicht anders sterben? Freiwillig, ohne Atombomben? Ohne Hunger?" (Norbert, 11 J.)

4.2 Welche Vorstellungen entwickeln die Kinder von Frieden?

Nur etwa die Hälfte der Briefe enthalten Aussagen zum Thema Frieden. Ein Grund dafür mag darin liegen, daß Kinder in der Öffentlichkeit, durch Medien, in der Schule und in den Familien fast täglich mit Krieg, Gewalt, Not und Unterdrückung konfrontiert werden, während eine Beschäftigung mit dem, was unter dem Begriff Frieden verstanden wird, weitgehend unterbleibt. Die Auswirkungen von Gewalt im persönlichen und gesellschaftlichen Bereich sind sichtbar, prägen sich in das Gedächtnis der Kinder ein und beängstigen sie so, daß diese Ängste die Phantasie dominieren.

Die Forderungen, Wünsche und Bitten, die die Kinder in ihren Briefen dennoch formulieren, lassen erkennen, daß für viele von ihnen die Realisierung ihrer Wünsche nach Verhinderung von Krieg, nach Frieden in aller Welt, nach Abrüstung eine Voraussetzung für menschliches Leben und insbesondere für den Rückgewinn der persönlichen Zukunft, aber auch der Zukunft der gesamten Erde, von Natur und Menschheit geworden ist. Vielen Kindern ist Frieden zur einzigen Alternative geworden, die das Überleben der Menschheit sichern kann. Sie erkennen, daß Frieden für ihr persönliches Leben, für das Leben der gesamten Menschheit unverzichtbar geworden ist. Zwar gibt es auch in der Bundesrepublik Deutschland Kinder, die um das Leben von nahen Angehörigen, die sich in Krisen- und Kriegsgebieten aufhalten, fürchten müssen:

„Ich möchte, daß meine Tante noch lebt, wenn der Krieg (in Uganda) aus ist." (Tina)

Aber generell gilt: Kinder, die heute Briefe an die Politiker schreiben, haben Kriege nicht selbst erlebt. Die Situation, in der sie aufwachsen, wird von den Kindern als ein Zustand des Friedens angesehen, um den sie fürchten müssen. Frieden gilt ihnen als ein erstrebenswerter Zustand und als eine Bedingung für die Erfüllung ihrer Wünsche.

„..., daß alle Menschen auf der ganzen Welt Freunde werden.(Anja, 11 J.)

„Ihr müßt uns Kinder und Erwachsene einfach leben lassen. (Cornelia)

„Der Frieden soll für immer bleiben, die Menschen müssen doch froh sein. Die Frauen wollen ihre Männer und Söhne auch behalten. (Susanne)

„Es wäre so schön, wenn alle Menschen glücklich und freundlich miteinander leben könnten und sich über alles Schöne, was es auf der Welt gibt, freuen." (Amelie, 10 J.)

Sie wünschen sich, daß eine Wiederholung von Hiroshima ausgeschlossen werden kann und daß

„unsere wunderschöne Welt erhalten bleibt und alle Menschen in ihr in Frieden und Gesundheit leben können." (Andrea)

Die Kinder fordern einen Schutz ihrer Lebensinteressen, der auch moralisch Bestand hat.

„Der Frieden sollte immer bestehen bleiben." (Jens)

„Jetzt ist noch Frieden, aber wenn weiter die Atomwaffen gebaut werden, wird es sicherlich irgendwann Krieg geben. (...) Ich möchte nämlich eine schöne Zukunft haben." (Johanna, 11 J.)

„Ich möchte nicht durch Waffen beschützt werden, die anderen Menschen den Tod androhen." (Theresa, 17 J.)

Die zuletzt zitierte Äußerung deutet an, daß der aktuelle Zustand des Friedens von den Kindern auch hinterfragt wird. So stellen zwei

Kinder fest, daß die Bundesrepublik Deutschland sich lediglich in einer Phase des Waffenstillstandes befindet. Sie fordern von den Politikern endlich Friedensvereinbarungen.

„Ich hoffe, daß Ihr Euch nach vierzig Jahren Waffenstillstand für den Frieden entscheidet." (Stefan, 7.Kl.)

„Könnten Sie nicht mit Deutschland einen Friedensvertrag machen?" (Martin, 12 J.)

Die Diskrepanz zwischen dem jetzigen Zustand und dem gewünschten Frieden wird auch darin gesehen, daß man ständig um den Frieden kämpfen muß. Frieden bedeutet für die Kinder über die aktuelle Abwesenheit von Krieg hinaus auch, daß sie keine Angst mehr vor einem möglichen Krieg haben müssen.

„Wir möchten nicht mit der Angst leben, daß unser Leben bald zu Ende sein könnte." (Beate)

„Wenn sich alle vertragen, bräuchten keine Häuser zerstört werden und kein Mensch mehr weinen und Angst haben." (Lisa)

„Wir, die jetzt noch klein sind, möchten auch noch mal erwachsen werden." (Kindergruppe, 6. Kl.)

Andere Kinder bemerken, daß trotz des bestehenden Friedens in der Bundesrepublik Deutschland täglich viele Menschen in der Dritten Welt verhungern, daß die Natur zerstört wird und Arbeitsplätze vernichtet werden. Zu den drängenden Wünschen, deren Realisierung die Kinder an den Begriff Frieden knüpfen und um derentwillen sie um ein abrüstungspolitisch erfolgreiches, unverzügliches Gipfeltreffen bangen, gehören Lösungen für die großen sozialen Probleme durch finanzielle Mittel, die durch Abrüstung frei werden könnten:

— Hunger, Unterentwicklung und Armut;
— Krankheiten, wobei Krebs und das Problem der Gesundheitsversorgung für behinderte und alte Menschen sowie die Unfallverhütung besonders erwähnt werden. Zur letzteren fordern die Kinder auch vorbeugende Maßnahmen;
— Arbeitslosigkeit;
— Umweltzerstörung;
— Mangel an Bildung (Schulen), Freizeitmöglichkeiten (Spielplätze) und schließlich Wohnungsnot.

Als Beispiel sei ein Ausschnitt aus dem Brief eines zwölfjähriges Mädchens zitiert:

„Ich möchte, daß es keine Atomwaffen mehr gibt. Ich möchte Frieden. Mit dem Geld könnten Sie mehr Arbeitsplätze schaffen. Man könnte auch das Geld denen geben, die Hilfe brauchen. Man könnte den Behinderten und allen Menschen, die Hilfe brauchen, helfen. Es sollten mehr Ampeln angeschafft werden, mehr Fuß- und Radwege angelegt werden, damit nicht mehr so viele Unfälle passieren." (Katja, 12 J.)

Frieden bedeutet für viele Kinder internationale sowie innergesellschaftliche soziale Gerechtigkeit.

„Und bitte verkaufen Sie auch keine Waffen an die „Dritte Welt", die haben Nahrung viel wichtiger als Waffen." (Cora)

„Ich heiße Claudia und bin elf Jahre alt. Wegen den Waffen sterben täglich bestimmt Tausende. Die in Äthiopien, die müssen wegen ihrer Waffen sterben, könnten Sie nicht mal die Bomben und Raketen abbauen. Sie könnten ja das Geld zum Beispiel für die Welthungerhilfe spenden." (Claudia, 5.Kl.)

„Ich möchte, daß Frieden bleibt. Für die vielen Waffen und Atomraketen, die viel Geld kosten, könnte man Behinderten helfen und man könnte auch mehr Spielplätze bauen und mehr Arbeitsplätze schaffen." (Joachim, 12 J.)

Kriege zerstören nicht nur Menschenleben, sondern auch die Natur. In mehreren Briefen wird deutlich, daß Kinder eine enge Verbindung zwischen Natur und Frieden herstellen. Frieden heißt für sie auch, die zunehmende Umweltzerstörung zu beenden. Sie wünschen sich, daß die Tiere und der Wald geschützt werden und daß Bäume sowie Sträucher gepflanzt werden.

„Wäre es daher nicht sinnvoller, das Geld nicht für die Rüstung, sondern für den Schutz unserer Umwelt (Luft, Wasser, Boden, Tiere und Pflanzen) auszugeben?" (Hildegard)

Auch Reisen in fremde Länder gehören für einige Kinder zum Frieden.

„Ich hoffe, ich kann Ihre Heimatländer, die USA und die Sowjetunion eines Tages besuchen." (Milva, 15 J.)

„Ich bin noch nicht in vielen Ländern gewesen, aber wenn ich älter bin, möchte ich sie alle sehen." (Merian, 11 J.)

Frieden, so verdeutlichen die Kinder teilweise an Beispielen aus ihrem alltäglichen Erfahrungsraum, ermöglicht ihnen, ihr Leben nach eigenen Wünschen und Ideen zu gestalten.

„Ich, Melanie, 7 Jahre, möchte noch lange mit Julia, 4, und Jan, 18 Monate, in Frieden spielen." (Melanie, 7 J.)

,,Ich bin 10 Jahre und möchte in Frieden leben mit meinen Eltern und meinem Bruder." (Carola, 10 J.)

,,Ich möchte gerne Frieden, weil wenn Krieg ist, dann kann ich im Sommer nicht mehr auf der Wiese spielen. Die Vögel sollen zwitschern." (Gabriele, 10 J.)

Wie sehr Kinder durch das Wettrüsten beunruhigt sind und was Frieden für sie bedeutet, zeigt sich intensiv an ihren persönlichen Bitten um ein sorgenfreies, angstfreies Leben, an ihren Wünschen nach Miteinander, Liebe, Versöhnung, Vertrauen und Freundschaft, an ihren Bitten um Leben und Überleben für Erwachsene, Kinder und die nachfolgende Generation und anhand ihrer Wünsche, erwachsen zu werden, eine Familie zu gründen, selber Kinder zu bekommen, sie aufwachsen zu sehen und sie zu friedlichen Menschen zu erziehen. Einige Kinder sprechen die Politiker Gorbatschow und Reagan persönlich an, verweisen auf deren hohes Alter und erfahrungsreiches Leben und nehmen das gleiche Recht auf einen solchen Frieden für sich in Anspruch.

,,Sie sind schon in einem höheren Alter, was zwar nichts zu bedeuten hat, aber wir sind erst am Anfang unseres Lebens, wir haben noch vieles vor uns und wollen es auch noch erleben." (Agnes, 15 J.)

,,Die Menschen wollen auch leben und Sie sicher auch. Nicht wahr? Ich bin erst acht und möchte genauso alt werden wie Sie." (Ute)

,,Ihnen macht es wahrscheinlich nicht viel aus, wenn es zum Atomkrieg kommt. Sie sind ja schon ziemlich alt. Aber wir haben das Leben noch vor uns, und wir wollen es eigentlich ohne Angst leben. (Josef, 16 J.)

Frieden, so führen einige Kinder an, ist für die gesicherte Zukunft der eigenen Familie unverzichtbar.

,,Wenn ich groß bin, möchte ich heiraten und Kinder bekommen und sie zu friedlichen Menschen erziehen. Bis dahin, aber auch später brauchen wir den Frieden." (Emma, 15 J.)

,,Wir wünschen uns, das Leben, das wir führen und unsere Eltern aufgebaut haben, weiterzuführen, um unser Familienleben weiter aufzubauen." (Mädchengruppe, 6. Kl.)

,,Auch wenn nicht sofort abgerüstet wird, aber fangt endlich damit an, damit auch meine Kinder in Frieden leben werden." (Erna)

,,Ich bin noch nicht ganz vierzehn Jahre und möchte auch mal eine Familie gründen, die ohne Sorge über einen Atomkrieg leben soll. (...) Auch wenn Ihr immer über einen begrenzten Atomkrieg redet, ich glaube nicht, daß man einen Atomkrieg in Grenzen halten kann. Erläutert mir doch mal in einem Brief, wie Ihr das vorhättet. Und noch etwas, habt Ihr den Kinofilm „The Day After" gesehen? Ich glaube nicht, aber guckt ihn Euch mal an. Ich habe nur ein paar Ausschnitte gesehen, und das hat mir schon gereicht, darum bitte ich Euch, rüstet ab!!!" (Franz-Josef, 13 J.)

„Ich bin jetzt siebzehn Jahre alt und wünsche mir nichts sehnlicher als eines Tages selber Kinder zu haben und sie aufwachsen zu sehen. (...) Ich will den Frieden ohne Waffen, der keine Illusion ist. Ich möchte gerne in der Gewißheit leben können, daß ich Zeit habe zu leben, daß ich eines Tages denjenigen kennenlerne, der der Vater meiner Kinder sein wird. Und ich möchte auch meine Kinder kennenlernen. (...) Ich wünsche mir, daß die Kinder, die heute, zu dieser Stunde geboren werden, eine Chance zum Leben bekommen. Auch sie sollen siebzehn Jahre (wie ich) alt werden, und das können sie nur in einer friedlichen und gerechten Welt werden, wo jeder sich um den anderen wie seinen Bruder und seine Schwester kümmert." (Irene, 17 J.)

Obwohl das Thema Frieden in den Briefen eine untergeordnete Rolle spielt, läßt sich doch erkennen, daß die Kinder einem umfassenden Friedensbegriff folgen. Zum Frieden gehört die Verhinderung von Krieg als Voraussetzung für menschliches Leben, für die eigene Zukunft und die der Menschheit, die Abwesenheit der Kriegsdrohung, die Lösung der großen sozialen Probleme wie Hunger, Unterentwicklung, Armut, Krankheit, Arbeitslosigkeit und Umweltzerstörung sowie die Befriedigung menschlicher Bedürfnisse nach Bildung, Freizeit, Wohnung, Familie und schließlich die Gewährung von Entfaltungschancen zum Beispiel durch Reisen in andere Länder und ein Leben nicht in Konkurrenz und Kampf, sondern in einem freundschaftlichen Miteinander innerhalb und außerhalb der nationalen Grenzen.

4.3 Welche Vorstellungen haben Kinder von den Wegen zum Frieden?

Trotz des umfassenden Friedensbegriffs, dem viele Kinder folgen, zeigt sich: der Bann der Rüstungsentwicklung läßt auch diesen Kindern wenig Spielraum für politische Friedensutopien, für ein phantasievolles Nachdenken über friedensstiftendes Handeln. Für die Jungen ist die Transformation zum Frieden so gut wie überhaupt kein Thema. Fast ausschließlich Mädchen äußern sich dazu. So ungewöhnlich und beeindruckend das moralische Engagement und der gute Wille sind, so erweisen sich auch hier die Kinderbriefe als ein recht getreues Spiegelbild der Ratlosigkeit in der Erwachsenenwelt. Die erdrückende Dominanz der Waffen und die Angst vor ihrer Zerstörungskraft scheinen die Vorstellungen über politische Alternativen zur rüstungsgebundenen Sicherheit zu absorbieren.

Abrüstung im Sinne der Befreiung von Waffen — nicht aber Abrüstung im Sinne der Herstellung neuer gesellschaftlicher und politischer Verhältnisse zwischen Menschen und Kollektiven, scheint als Weg zum Frieden schlechthin. ,,Waffen'', ,,Bomben'', ,,Gewehre'', ,,Panzer'', ,,Atomraketen'', ,,Weltraumwaffen'', ,,Massenvernichtungsmittel'' und ,,Kriegsmittel aller Art'' sind in den Augen der Kinder ,,abzubauen'', ,,wegzuschaffen'', ,,abzuschaffen'', ,,abzurüsten'', ,,restlos zu verschrotten'', ,,zu zerstören'' und ,,zu vernichten''.

> ,,Ich würde an Eurer Stelle alle Bomben, die es noch auf der Erde gibt, vernichten.'' (Ludger, 11 J.)

> ,,Kann man nicht alle Panzer, Pistolen und alle Waffen vernichten? Natürlich auch die Munition? Dann könnte es doch gar keinen Krieg mehr geben.'' (Karin)

Reagan und Gorbatschow sollen

> ,,(...) beim Gipfeltreffen dafür sorgen, daß sämtliche Atombomben und Massenvernichtungsmittel vernichtet werden.'' (Sonja)

> ,,SDI-Pläne sollen fallengelassen werden.'' (Marina, 8. Kl.)

> ,,Es sollten grundsätzlich keine Waffen mehr hergestellt werden.'' (Carola)

In einigen Briefen wird deutlich, wie deprimierend die Diskrepanz zwischen der Forderung nach Abrüstung einerseits und den Schwierigkeiten, eine solche Veränderung herzustellen, empfunden wird:

> ,,Auch ich mache mir Gedanken über die Zukunft. Ich bin nur ein normales Mädchen von fünfzehn Jahren und gehe auf eine Realschule. Ich lebe wie viele andere Kinder zwischen Hochhäusern. Dennoch hatte ich eine sehr schöne Kindheit, denn früher hatten wir noch wilde Blüten und Pfützen vorm Haus. Jetzt stehen dort Häuser! Meine Schwester, die vier Jahre jünger als ich ist, hat kaum noch etwas von dieser ,,Freiheit'' mitbekommen. Denn es gibt auch nur noch kleine Spielplätze. (...) Werden die Kinder, die ohne die Spielmöglichkeiten aufwachsen, nicht deprimiert? Die langweilen sich und wissen nichts mit sich anzufangen. Wenn sie dann in das Alter kommen, wo man über

die Zukunft nachdenkt, sagen die Erwachsenen: ‚Du bist ja noch so klein, ja es wird schon werden!' (…) Der Rüstungswettlauf wird weitergehen, bis einer den berühmten „roten Knopf" drückt. — Außer Sie hören auf! Aber wie? Ganz „einfach"!?

Uns vor unseren Nachbarn
zu schützen, bedeutet
den Weg der Waffen
und führt zum
Krieg!

Unsere Nachbarn vor uns
zu schützen, bedeutet
den Weg der Abrüstung
und führt zum
Frieden!

Es ist doch wahr, oder?

Noch vor kurzem war ich sehr deprimiert. Morgens, nachdem ich aufwachte (es waren Ferien!) lag ich noch lange im Bett und dachte nach! — Wozu mache ich das alles? Wofür lohnt es sich zu leben? — Wenn ich so denke, reiße ich mich zusammen und weiß, ich muß mit vielen anderen versuchen, die Zukunft zu sichern! Doch man redet und redet, anstatt zu handeln. Ein Beispiel dafür ist schon die Umwelt! Man weiß warum die Bäume sterben, die Luft immer schlechter wird — doch man tut nichts! Aber was nützt es, wenn Tausende von Menschen von Milliarden Menschen etwas gegen die Umweltverschmutzung tun? (…)." (Brigitta, 15 J.)

Die Kinderbriefe zeigen erschreckend deutlich, daß zwar der Wunsch nach Abrüstung sehr groß ist, jedoch Vorstellungen über politische Wege dahin, die sich auf die Möglichkeiten der gegebenen politischen Kultur und des parlamentarisch-demokratischen Systems beziehen, gänzlich fehlen. Aus keinem der Kinderbriefe spricht Vertrauen in das politisch-demokratische System oder auch nur Hoffnungen in die gegebenen politischen Formen der Willensbildung und Entscheidungsfindung. Bei ganz wenigen Kindern verbinden sich die Ohnmachtsgefühle immerhin mit Hoffnungen, daß das persönliche Engagement doch etwas nützen könnte.

„Ich weiß, daß ich nichts daran ändern kann, wenn sich die Welt nicht verträgt, aber trotzdem schreibe ich weiter." (Nina, 5.Kl.)

„Gegen den Krieg anzukämpfen, bei Sonne und Regen ist schwer, doch wenn viele Tausend Menschen helfen, könnte es doch gelingen." (Rosi, 15 J.)

Folgendes Gedicht eines Mädchens hat einen ähnlichen Inhalt. Es drückt Hoffnung aus und ist zugleich eine Mahnung an alle, die Friedensbewegung zu unterstützen.

>,,Frieden
>Frieden, um Frieden bitte ich
>Frieden, ich will helfen ihn zu schaffen
>Frieden, denn ich habe Angst vor Krieg
>Frieden, um Frieden flehe ich Euch an
>Frieden, helft mit
>Frieden, kommt und geht mit den Friedsuchenden erste Schritte
>Frieden, alle wollen Frieden
>Frieden, doch Ihr rüstet
>Frieden, warum rüstet Ihr?
>Frieden, versteht doch
>Frieden, um Frieden bitte ich
>Frieden"
>(Susi)

Eine Achtzehnjährige, die ebenfalls für ihren Brief die Gedichtform gewählt hat, weicht der politischen Herausforderung aus und knüpft die Fähigkeit zum Frieden an religiöse Vorbedingungen:

>,,Ich glaube, wenn die Menschen nicht mit Gott Frieden schließen, können sie auch untereinander keinen Frieden halten." (Cora, 18 J.)

Angesichts fehlender Hoffnung auf politisch-demokratische Verfahren und angesichts einer nicht ausgebildeten und nicht geförderten politischen Phantasie richten sich die Hoffnungen auf das Gipfeltreffen von Gorbatschow und Reagan. (Die beobachtete hohe Aufmerksamkeit, die dieses Gipfeltreffen bei den Kindern findet, ist nicht nur, aber auch einem methodischen bias geschuldet, weil die Brief-Aktion von ,,Peace Bird" auf den Gipfel ausgerichtet war.) Die Kinder geben den Spitzenpolitikern Ratschläge, wie sie sich verhalten sollen. Solche Gipfeldiplomatie soll die Wende zum Frieden bringen, ihr Ausbau wird deshalb für erforderlich gehalten.

>,,Aber solche Verhandlungen sollte es öfters geben. Auch sollten Sie öfter die Staatsmänner der NATO-Staaten und anderer europäischer Länder besuchen oder ins ,,Weiße Haus" einladen." (Wolf-Dieter)

>,,Ich möchte gerne, daß Sie sich öfters zusammensetzen und über den Frieden reden." (Alexandra, 12 J.)

Einige Kinder begründen, warum der Gipfel ihrer Ansicht nach ein Ereignis ist, auf das man bauen kann:

a) Die machtpolitische Funktion von Rüstung erfordere Einigung der Mächtigen untereinander:

,,Angenommen Amerika würde abrüsten, Rußland nicht oder umgekehrt, (dann) würde das Land, das nicht abgerüstet hat, das andere Land überfallen, deswegen ist es ratsam, entweder beide (diese Möglichkeit ist entschieden besser) oder keiner rüstet ab." (Ekkehard, 12 J.)

Aus sicherheitspolitischen Gründen kann für diesen Jungen der Gipfel der einzig in Frage kommende Transformationsritus für Abrüstung sein.

b) Die Gipfeldiplomatie schaffe eine Voraussetzung für Abrüstung, nämlich Vertrauen:

,,Ich habe zwar keine Ahnung von Weltpolitik, aber ich glaube, dieses Treffen würde sehr dazu beitragen, daß es keine politischen Mißverständnisse gibt." (Peter)

,,Ich bitte Sie sehr herzlich, sich für den Frieden einzusetzen, und daß Sie anfangen, wieder miteinander zu reden, denn nur wer sich kennt und überall Freunde hat, hat keine (Angst) vor dem anderen." (Laura, 15 J.)

c) Die Staatsmänner der Supermächte könnten eine Vorbildfunktion haben:

,,Bitte seien Sie ein Vorbild für alle und beschließen Sie, alle Waffen abzuschaffen." (Tamara)

d) Die beiden Staatsmänner hätten überragende Eingriffsmöglichkeiten:

,,Sie beide haben den größten Einfluß, dadurch bauen vielleicht die anderen Länder ab." (Marion, 16 J.)

,,Ich frage mich, wieso die Menschheit so dumm ist und sich das Leben schwermacht, denn es müßte nicht so sein auf der Erde, wenn man nur einen guten Willen hätte. Besonders Sie beide, weil Sie die Erde in der Hand haben. Sie sind ja jetzt beide in Genf zusammen und können sich doch beide einigen, Ihre Waffen endgültig und für immer abzuschaffen." (Sven)

,,Schließlich seid Ihr die Chefs von den beiden wichtigsten Ländern der Welt, und ich meine, Ihr seid dafür verantwortlich, daß endlich Frieden herrscht." (Lillemor, 9 J.)

Die Kinder äußern auch einige Vorstellungen darüber, welche Vorgänge beim Gipfeltreffen Abrüstung und Friedensfortschritte bewirken könnten. Es gehe darum, daß man sich ,,für den Frieden entscheidet" und daß man erste Schritte zur Abrüstung und zum Frieden macht. Dies erscheint den Kindern möglich:

a) durch Gespräche, in denen man sich (endlich) einigen und vertragen kann und soll — und zwar „auf liebe Weise", nicht gegen-, sondern miteinander.

„(Die Politiker sollen) sich zusammensetzen, miteinander die Probleme besprechen und so einen Handel und Wandel aufrechterhalten. (Sarah)

Wieder miteinander reden scheint als ein friedenssichernder Wert in sich selbst, unabhängig von Vorbedingungen.

„Ich bitte Sie beide, etwas dagegen zu tun. Und zwar zusammen und nicht einer gegen den anderen." (Sascha, 7. Kl.)

b) durch Nachdenken über die Vorschläge der anderen und Intensivierung der eigenen Abrüstungsvorschläge.

„An Herrn Reagan: Denken Sie über die jüngsten Abrüstungsvorschläge der UdSSR nach. An Herrn Gorbatschow: Vielleicht sollten Sie Ihre Abrüstungsvorschläge noch verstärken und somit der USA mehr entgegenbringen." (Tom)

c) durch die Besinnung auf die Menschlichkeit:

„Vertrauen Sie einander, gedenken Sie Ihrer tausend Brüder und Schwestern, die auf Hilfe von Ihnen warten und genau wie ich Angst vor den vielen Waffen haben. (...) Ich bete darum, daß Sie Ihre Verantwortung erkennen und danach handeln." (Maren, 17 J.)

„Wir haben erfahren, daß Sie sich am 19. bis 2O. 11. 1985 treffen werden. Ich bitte Sie, daß Sie an uns Kinder auch mal denken. Setzen Sie sich mal in unsere Lage. Vielleicht können Sie sich das vorstellen, daß wir alle vergiftet würden, wenn diese Atombomben gezündet würden. Ich bitte Sie, sehr geehrter Herr Reagan und sehr geehrter Herr Gorbatschow, daß Sie diese Bomben abbauen, denn wir möchten leben. Haben Sie sich schon vorgestellt, daß Deutschland genau in der Mitte liegt?" (Ursel, 13 J.)

„Überlegen Sie sich mal, was Sie mit diesen gefährlichen Atomwaffen tun! Ich finde es nämlich nicht gut, wenn Sie da eine Rakete losschicken und wir dann sterben. Ich möchte auch noch leben. Und warum können Sie einen Streit nicht so lösen wie wir? Wir schießen auch nicht gleich auf uns. Stellen Sie sich mal vor, was passieren würde, wenn eine Atomrakete von selbst losgeht und in Hamburg einschlägt, dann ist doch fast ganz Deutschland verseucht. Auch mit der Weltraumstation ... Die Einstellung, die Sie haben, finde ich beschissen. Sie brauchen nur ein Wort zu sagen und eine Atomrakete geht los. Stellen Sie sich mal an unsere Stelle, fänden Sie es gut? Bestimmt nicht, also überlegen Sie es sich noch mal." (Johanna, 12 J.)

„Denkt mal an die Tiere und Menschen und mal nicht an Eure Machtkämpfe." (Judith)

Es ist bemerkenswert, wie sehr die Kinder in den Erfolg des Gipfelmechanismus vertrauen und daher zahlreich ihre Briefe beenden, indem sie den beiden Staatsmännern höflich „viel Glück", „viel Erfolg", „alles Gute", „gutes Gelingen" wünschen.

Ein Brief endet jedoch in einem ganz anderen Tonfall:

„Warum streiten Sie sich eigentlich um die Atomwaffen? Wenn sie erst gar keine gebaut hätten, bräuchten Sie sich auch nicht den Kopf zu zerbrechen. (…) Wollen Sie wirklich das Leben der ganzen Menschheit aufs Spiel setzen? (…) Solange Sie sich nicht auf eine wirkliche Abrüstung geeinigt haben, kann ich diesen Brief nicht mit freundlichen Grüßen beenden." (Timo, 11 J.)

5. Zusammenfassung und Bewertung

Was teilen Kinder, die sich an der Brief-Aktion beteiligt haben und insofern der Friedensbewegung im weitem Sinne zugeordnet werden können, den Erwachsenen über ihre Kriegsängste und Wünsche nach Frieden mit? Was können Erwachsene von den Kindern lernen? Welche Fragen müssen sich die Erwachsenen stellen, wenn sie die Sichtweisen der Kinder ernst nehmen und der Tatsache gerecht werden wollen, daß die Existenz der Atomwaffen auch die Lebensbedingungen von Kindern radikal verändert hat?

Unsere Analyse von 144 Briefen, die von insgesamt 243 Kindern aus dem Raum Hamburg und Umgebung von Dezember 1983 bis November 1985 an den US-amerikanischen Präsidenten und den Generalsekretär der KPDSU geschrieben wurden, hat zu folgenden Ergebnissen geführt:

1. Krieg, Rüstung und Atomwaffen werden von den Kindern negativ bewertet. Die Rechtfertigungen der Erwachsenen für die Option des Krieges sind ihnen (noch) fremd.
2. Die Kinder haben Angst vor dem Krieg. Viele verbinden die Thematisierung ihrer Angst mit Fragen nach den Gründen und der Berechtigung für solche Angstverbreitung und der Forderung nach Abrüstung.
3. Die Kinder sehen ihre Angst begründet

   — in der Gefahr, daß ein Atomkrieg durch menschliches Versagen oder durch technische Fehler ausgelöst werden könnte,
   — in dem Wissen um die Erfahrungen des zweiten Weltkrieges und Atombombenabwürfe auf Japan und
   — in dem Wissen um die Auswirkungen eines (Atom-)Krieges, um die Zerstörungskraft der Atomwaffen und anderer Massenvernichtungsmittel.
4. Die Kinder haben Angst vor einem durch Krieg verursachten langen, qualvollen Sterben ohne Chance zu einem Neuanfang, Angst vor dem Tod nahestehender Personen, Angst um die ei-

gene Zukunft, Angst, aufgrund von Radioaktivität behinderte Kinder zur Welt zu bringen, und sie sorgen sich unter der Kriegsdrohung um ihre Entfaltungsmöglichkeiten und Freiheiten.

5. Häufiger noch als persönliche Ängste äußern die Kinder politische Ängste um das Überleben der Menschheit und des elementaren Rechts auf Leben und Zukunft

   — angesichts der Globalität der Kriegsfolgen, vor denen es keine Rettung gibt, und — angesichts eines klaren Zusammenhanges von Rüstung und Unterentwicklung, von militärischer Gewalt und Hunger.

6. In den Kinderbriefen spiegelt sich die Unvereinbarkeit von Krieg und Rüstung mit zentralen gesellschaftlichen Wertmustern wider. Die Vermutungen, die die Kinder über die Gründe von Krieg und Rüstung anführen,

   — die bloße Existenz von Rüstung,

   — die Unfähigkeit, friedlich miteinander umzugehen,

   — zwischenstaatliche Meinungsverschiedenheiten,

   — menschliches Versagen,

   — Vorurteile, Rivalitäten, Machtstreben und moralisches Fehlverhalten der Politiker,

   lassen erkennen, daß in den Augen der Kinder nichts mehr den Krieg, die Kriegsdrohung und das damit verbundene Leid, die Angst und den Schrecken rechtfertigen kann.

7. So fragen die Kinder nach den Gründen für die Aufrüstung, für das Scheitern von Verständigung und Abrüstung, nach den Konfliktinhalten und Streitanlässen und nach den Gründen für die Diskrepanz zwischen humanen Ansprüchen und dem realen politischen Handeln von Staaten und Staatsmännern, nach dem Widerspruch zwischen dem in allen Völkern verbreiteten Friedenswillen und der tatsächlichen Politik sowie nach der moralischen Integrität der Politiker. Dies alles, wie auch der Sinn von Rüstung angesichts veränderter Bedrohungslagen, ist ihnen unbegreiflich.

8. In ihren Vorstellungen von Frieden folgen die Kinder einem umfassenden, positiven Friedensbegriff. Dieser umfaßt

   — die Verhinderung von Krieg als Voraussetzung für die eigene Zukunft und die der Menschheit,

   — die Abwesenheit der Kriegsdrohung,

   — die Lösung der großen sozialen Probleme wie Hunger, Unterentwicklung, Armut, Krankheit, Arbeitslosigkeit und Umweltzerstörung sowie

— die Befriedigung menschlicher Bedürfnisse und Wünsche nach Bildung, Freizeit, Wohnung, Familie, nach Reisen und nach einem freundschaftlichen Miteinander innerhalb und außerhalb der nationalen Grenzen.

9. So beeindruckend das moralische Engagement der Kinder ist, die erdrückende Dominanz der Rüstung und die Angst vor ihrer Zerstörungskraft wirkt wie ein Bann auf sie und läßt ihnen wenig Spielraum für politische Friedensutopien und für ein phantasievolles Nachdenken über friedensstiftendes Handeln. Für Jungen sind politische Wege zur Herstellung von Frieden so gut wie überhaupt kein Thema.

10. Abrüstung erscheint den Kindern als eine Befreiung von Waffen, nicht aber als Herstellung neuer gesellschaftlicher Verhältnisse zwischen Menschen und Kollektiven.

11. Einige wenige Kinder verdeutlichen, wie deprimierend die Diskrepanz zwischen der Forderung nach Abrüstung einerseits, und der Aufgabe, eine solche Veränderung herzustellen, andererseits, empfunden wird. Aus keinem der Kinderbriefe spricht Vertrauen in die Verfahren und die Kompetenz des politisch demokratischen Systems oder auch nur Hoffnung in die gegebenen politischen Formen der Willensbildung und Entscheidungsfindung.

12. Bei wenigen Kindern verbinden sich die Ohnmachtsgefühle immerhin mit Hoffnungen auf die Wirksamkeit des eigenen persönlichen politischen Engagements von Kindern und Erwachsenen.

13. Angesichts fehlender Hoffnungen auf politisch-demokratische Verfahren und angesichts der enormen Kraft, die das persönliche Engagement erfordert, richten sich die Hoffnungen auf Gipfeltreffen des amerikanischen Präsidenten und des Generalsekretärs der KPDSU. Hier sollen — so die Ratschläge und Wünsche der Kinder — die Mächtigen im persönlichen Dialog miteinander einig werden, Vertrauen schaffen, eine Vorbildfunktion übernehmen, über die Vorschläge des anderen nachdenken, die eigenen Abrüstungsvorschläge intensivieren, sich auf die eigene Menschlichkeit besinnen und als Chefs ein Machtwort für den Frieden sprechen.

14. Wer könnte den Kindern in ihren analytischen Aussagen widersprechen, und wer könnte ihnen mehr begründete Hoffnungen auf Frieden machen? Letzteres ist in erster Linie die Aufgabe, der sich Erwachsene friedenspolitisch und friedenspädagogisch stellen müssen, wenn sie die Kinder schützen wollen. An den

Kindern jedenfalls wird es nicht liegen, wenn der Friedenswille nicht politisch zum Durchbruch kommt. Die Briefe der Kinder zeigen, was Kinder über die Bedrohung der Welt wissen und mehr noch, was sie lernen wollen. Ein friedenspolitisches Fundament, auf das die Erwachsenen bauen können und was sie doch auch motivieren könnte, wäre vorhanden.

15. Die Ergebnisse unserer Studie, die sich unseres Wissens erstmals speziell auf Kinder aus dem Umfeld der Friedensbewegung bezieht, bestätigen viele Aussagen, die in vorangegangenen Untersuchungen aus dem In- und Ausland seit Beginn der 60er Jahre über die Vorstellungen von Kindern zu Krieg und Frieden getroffen wurden. Dazu gehört die Feststellung, daß die atomare Gefahr vom Leben, Denken und Fühlen der Kinder Besitz ergreift, so daß sie Angst haben und sich mit ihrer Angst, den Angstgründen und der durch die Möglichkeit der Selbstzerstörung der Menschheit veränderten Realität auseinandersetzen müssen.

16. Vergleicht man die Forschungsergebnisse der im Literaturbericht erwähnten Untersuchungen mit den Ergebnissen unserer Studie, so läßt sich die These formulieren: Was die Kinder aus dem Umfeld der Friedensbewegung von anderen Kindern unterscheidet, ist zum einen ein differenzierteres und präziseres Wissen über die Auswirkungen von Friedlosigkeit im Atomzeitalter und zum anderen eine größere Fähigkeit, den realen Gefahren ins Auge zu sehen sowie schließlich das Bemühen, die Situation rational und durch eigenes Handeln zu bewältigen. Eine wesentliche Grundlage für langfristiges politisches Handeln ist somit bei diesen Kindern gegeben.

17. Anders als vorangegangene Untersuchungen haben wir erstmals nach den Vorstellungen der Kinder über Transformation von der Friedlosigkeit zum gewünschten Frieden gefragt und sind zu bedrückenden Ergebnissen gekommen, was die Wirksamkeit politisch-demokratischer Verfahren der Problemlösung angeht. Wenn nicht einmal die Kinder aus der Friedensbewegung politische Friedensutopien entwickeln können und nicht einmal sie phantasievoll über friedensstiftendes Handeln nachdenken - wer dann? In diesem Ergebnis erkennen wir die dringendste Herausforderung für die Erwachsenen als Politiker, Pädagogen und Eltern.

6. Politisch-pädagogische Schlußfolgerungen

Welche politisch-pädagogischen Konsequenzen lassen sich aus den Ergebnissen für die Praxis ableiten?

1. Die Kriegsangst der Kinder wird solange weiter existieren, wie die zwischen- und innerstaatlichen Beziehungen von der Androhung von Gewalt und ständiger Aufrüstung bestimmt sind. Wenn sich die Erwachsenen also ernsthaft Sorgen um die zunehmende Kriegsangst bei Kindern machen, dann muß sich das deutlich und für die Kinder sichtbar im politischen Handeln der Erwachsenen, insbesondere in ihrem Eintreten für Abrüstung zeigen. Die Erwachsenen stehen auch von Seiten der Kinder unter dem Zwang zu abrüstungspolitischen Erfolgen.
2. In der Schule, die junge Menschen auf das Leben in der Erwachsenenwelt vorbereiten will, darf die Auseinandersetzung mit der beängstigenden nuklearen Bedrohungssituation nicht ausgeklammert werden. Alle Spielräume und Möglichkeiten, die die Institution Schule bietet, sollen genutzt werden. Die Bemühungen vieler Lehrer im Fachunterricht, in Projektwochen und in anderen Lehr- und Lernformen müssen daher besonders wichtig genommen und unterstützt werden (vgl. Reich/Weber 1984). In der Schule kommt es nicht nur darauf an, den Kindern das Sachwissen der Erwachsenen zu vermitteln. Friedenserziehung muß vielmehr an der Erlebniswelt der Kinder und ihrer Sicht der Dinge anknüpfen, und den Kindern die Gelegenheit geben, ihre Gefühle und Ängste einzubringen.
3. Eine Friedenserziehung, die zum Abbau von Kriegsängsten beitragen will, muß sich mit den Ursachen der Ängste auseinandersetzen. Sie darf nicht länger losgelöst von der gesellschaftlichen Realität den Kindern eine harmonische und glückliche Welt vorspielen, sondern muß sich die Veränderung der gesellschaftlichen Realität zum Ziel setzen. Die Erwachsenen können mit ihrem Widerstand gegen die Aufrüstung und die Militarisierung

der Gesellschaft und mit ihrem Engagement für Abrüstung und Gewaltlosigkeit den Kindern ein Vorbild sein und ihnen damit die Hoffnung auf eine lebenswerte Zukunft zurückgeben. Aus dem Wissen, daß Eltern, Lehrer und andere erwachsene Bezugspersonen sich für den Frieden engagieren, können die Kinder Kraft und Optimismus schöpfen. Es hängt somit nicht zuletzt von der Glaubwürdigkeit und dem Engagement der Erwachsenen ab, ob Kinder einen Krieg für unvermeidlich halten oder aber davon überzeugt sind, daß sie etwas zu seiner Verhinderung beitragen können.

4. Wir wissen, daß Kinder schon in sehr frühem Alter über Berichte in den Medien und über Gespräche in Schule, Familie und Freundeskreis mit Gewalt und Krieg konfrontiert werden. Den Kindern bleibt nicht verborgen, daß die Welt zwar nach Frieden ruft, aber den Krieg vorbereitet. Auf der einen Seite erfahren sie Krieg und Gewalt als eine scheinbar normale Sache, als ,,fact of life"; auf der anderen Seite lernen sie, daß Krieg und Gewalt verwerflich sind und Tod, Krankheit und großes Leid bedeuten. Mit diesen widersprüchlichen Erfahrungen und Informationen müssen sich die Kinder fast täglich auseinandersetzen. Ihre Perspektive ist jedoch eine andere als die in der Erwachsenenwelt übliche. Sie erleben und interpretieren die Probleme auf ihre eigene Art und versuchen, sie in ihre Lebenswelt einzuordnen. Bei diesem Verarbeitungsprozeß brauchen die Kinder Unterstützung durch die Erwachsenen. Wird den Kindern die Gesprächsbereitschaft verweigert, sind sie mit ihren Ängsten allein. Aber noch immer glauben viele Erwachsene, daß Kinder zu jung dafür seien, um sich mit solchen Problemen auseinanderzusetzen. Solange es irgendwie geht, wollen diese Eltern den Kindern gerade einen Schonraum erhalten, in der Annahme, dadurch Angstgefühlen vorzubeugen, die für die Entwicklung schädliche Auswirkungen haben könnten. Dieser Wunsch, die Kinder vor dem Grauen zu schützen, ist berechtigt. Vielen Erwachsenen ist er jedoch vor allem Vorwand, um sich selbst vor der Auseinandersetzung mit der bedrohlichen Realität sowie vor den Fragen und Ängsten der Kinder zu schützen.

Andere Erwachsene bemühen sich, die Kinder zu ,,schützen", indem sie sie mit der Realität der Kriegsdrohung konfrontieren, um so frühzeitig ein Verantwortungsbewußtsein für den Frieden zu wecken. Diese Erwachsenen vergessen häufig, daß Kinder eine andere Art des Erlebens, der Wahrnehmung und der Interpretation haben als Erwachsene. Auch ihr Verhalten kann zu unerträglichen Ängsten und Verunsicherungen führen.

Eine Erziehung zum Frieden soll Kinder nicht beängstigen, sondern bei der Angstverarbeitung helfen und sie zum konstruktiven Umgang mit den Problemen von Krieg und Frieden befähigen. Voraussetzung dafür ist, daß man die spezifischen Sichtweisen von Kindern kennt.

5. Für den Umgang mit den Kriegsängsten der Kinder ist von entscheidender Bedeutung, ob es den Erwachsenen gelingt, sich die eigenen Ängste vor einem Krieg einzugestehen. Erst wenn die Erwachsenen bereit sind, über ihre eigenen Ängste und deren Ursachen zu reflektieren, ist der Grundstein für einen offenen Dialog zwischen Kindern und Erwachsenen gelegt. Die in dieser Untersuchung zusammengefaßten und kommentierten Äußerungen der Kinder können als Herausforderung angesehen werden. Leser und Leserinnen mögen einmal versuchen, Antworten auf die Fragen der Kinder zu geben. Sie werden feststellen, daß die Fragen häufig gerade auf die Probleme zielen, die von den Erwachsenen — oft mit großer Mühe — aus dem Bewußtsein verdrängt worden sind.

6. Die vorliegende Untersuchung hat gezeigt, daß Kinder sehr viel weniger über Frieden, Friedenssicherung und Kriegsverhinderung wissen als über Krieg und die Auswirkungen eines Krieges. Eine Aufgabe von Eltern und Pädagogen ist es daher, mit den Kindern das Gespräch über den Frieden zu suchen. Das offene und verdeckte Auftreten von Gewalt sollte thematisiert werden. Durch Information, Aufklärung, Argumentation, durch Entwürfe von Alternativen und Anregungen zu ersten Schritten dorthin, sollte der Macht der Gewalt etwas entgegengesetzt werden. Christiane Rajewsky hat darauf aufmerksam gemacht: „Statt die Verharmlosung und Verherrlichung, die technische Entpolitisierung von Militär und Krieg, die Beschränkung der Phantasie auf die Einfallslosigkeit einer Politik der Stärke, die Verehrung von Helden, die Gewöhnung an das gewaltsame Austragen von Konflikten im täglichen Umgang zu dulden, können wir Kinder und Jugendliche mit Menschen bekannt machen, die der Gewalt entgegengewirkt haben, die Erfolg hatten mit Bemühungen um den Frieden, wir können ihnen von Ghandi, Danilo Dolci oder Martin Luther King erzählen. Wir können eine pazifistische Tradition im eigenen Haus schaffen, in dem wir über Frieden sprechen, in der Familie, im Kindergarten, bei Eltern-

abenden, gegenüber Nachbarn, im Freundeskreis, und dies gilt außer für Eltern auch für Erzieher/innen und Pädagogen." (Rajewsky 1984, S. 146; Rajewsky/Riesenberger, 1987).

7. Der geeignetste Moment, mit Kindern und Jugendlichen über die Probleme von Krieg und Frieden zu sprechen, ist sicherlich der, wenn Kinder beginnen, Fragen zu diesem Problembereich zu stellen und damit ihre Lernbereitschaft zeigen. Dieser Zeitpunkt kann bereits in sehr frühem Lebensalter liegen. Die Aufgabe der Erwachsenen besteht dann darin, dem Kind in angemessener und kindgerechter Form zu antworten. Ihm sollte die Gelegenheit gegeben werden, über seine Probleme zu sprechen und weitere Fragen zu stellen. Es ist nicht sinnvoll, einem Kleinkind bereits in allen Einzelheiten die schrecklichen Folgen eines Atomkrieges zu schildern. Damit wäre das Kind psychisch überfordert. Vielmehr kommt es darauf an, dem Kind, seinem Alter entsprechend, Antworten zu geben, die es verstehen kann. Dem Kind muß dabei das Gefühl vermittelt werden, daß die Fragen und Ängste, die es formuliert, durch die politische Situation gerechtfertigt sind, und daß diese Fragen von den Erwachsenen ernst genommen werden. Nur wenn die Kinder merken, daß ihre Meinung wichtig ist und von den Erwachsenen gehört und beachtet wird, werden sie weiter über Krieg und Frieden nachdenken und mit den Erwachsenen darüber reden wollen.

8. Erwachsene, die erkannt haben, daß das Gespräch mit Kindern einen wesentlichen Beitrag zum Abbau von Kriegsängsten leisten und zu aktivem politischen Handeln motivieren kann, müssen sich auf der Wissensebene darauf vorbereiten. Auf eine Auseinandersetzung mit den Ergebnissen der Friedensforschung und Friedenspädagogik kann nicht verzichtet werden. Bisher blieb der Erwerb solchen Wissens weitgehend der Eigeninitiative überlassen, sollte aber in der Aus- und Fortbildung von Lehrern und pädagogischen Mitarbeitern sowie im Themenkatalog von Elternschulen, Heimvolkshochschulen und Erwachsenenbildungsstätten fest verankert werden.

9. Die Auswertung der Briefe hat gezeigt, daß Kinder in der Lage sind, sich über die Zukunft der Welt und der Sicherung des Friedens in ihrem eigenen Stil und mit ihrer eigenen Phantasie Gedanken zu machen. Auch auf Großveranstaltungen der Friedensbewegung, auf politischen Kinderfesten und Kinderdemonstrationen (z.B. Kinderparlament in Saarbrücken; Kinderprotest in Hasselbach und Brokdorf) haben sich Kinder mit eigenen Akti-

vitäten zu Wort gemeldet, ihre speziellen Interessen und Meinungen kundgetan, und es ist ihnen dort gelungen, die Aufmerksamkeit der Öffentlichkeit auf sich zu ziehen. Zu solchen Formen der Eigeninitiative sollen die Kinder weiterhin ermutigt werden.

10. Die Institutionen der außerschulischen Jugend- und Erwachsenenbildung müssen sich verstärkt der friedenspädagogischen Arbeit zuwenden. Wochenendseminare, auf denen sich Eltern und Kinder gemeinsam mit der Friedensproblematik beschäftigen und auf denen dem Gespräch zwischen beiden ein großer Raum gegeben wird, könnten ein Anfang sein, mit dem die Sprachlosigkeit und die Lähmung, die mit der Kriegsangst verbunden sind, überwunden werden. (vgl. Petri 1985, S. 54f). Gleiches gilt für Vortrags- und Diskussionsrunden, Friedenstage oder -wochen, die zu einer längerfristigen Auseinandersetzung mit Friedensfragen und zu politisches Engagement anregen können.

11. In den öffentlichen Bibliotheken können Kinder mit Büchern und Medien bekannt gemacht werden, die sich in besonderer Weise mit dem Thema Krieg und Frieden beschäftigen. Kleine Ausstellungen mit den entsprechenden Neuerscheinungen und Lesungen, Literaturlisten für Eltern und Pädagogen können darüberhinaus das Interesse an einer Auseinandersetzung mit der Friedensproblematik verstärken (vgl. Rajewsky 1984).

12. Nicht zuletzt sei auf die Aktion „A Letter to Both" hingewiesen, in der sich viele Kinder zum ersten Mal öffentlich politisch geäußert und von den Politikern Rechenschaft verlangt haben. Es bleibt zu hoffen, daß die Fragen der Kinder gehört werden und bei den Erwachsenen, ob Politiker, Pädagogen oder Eltern, Nachdenken auslösen.

Anhang

1. „A Letter to Both"
Eine Brief-Aktion für Kinder des Vereins „Peace Bird"

Die vorliegende Untersuchung basiert auf 144 Kinderbriefen, die im Rahmen der Aktion „A Letter to Both" von Kinder aus dem norddeutschen Raum an den amerikanischen Präsidenten und den Generalsekretär der KPdSU geschrieben worden sind.

Die Aktion „A Letter to Both" wurde im Dezember 1983 von dem Verein „Peace Bird" ins Leben gerufen. Kinder und Jugendliche werden angeregt, sich in persönlichen Briefen an die beiden Spitzenpolitiker zu wenden und diese über ihre Wünsche und Hoffnungen, Ängste und Sorgen über den Frieden und die Zukunft der Welt zu informieren und um ein verstärktes Eintreten für eine weltweite Abrüstung zu bitten. In Genf und Hamburg wurden dazu Postfächer für die beiden Politiker eingerichtet.

Der Verein „Peace Bird" betrachtete es als seine Aufgabe, die Briefe zu sammeln, und gab den Kindern über die Presse das öffentliche Versprechen, alles zu versuchen, um diese Briefe an die Verantwortlichen weiterzuleiten. Der Verein hatte sich das Ziel gesetzt, die Öffentlichkeit über die Gedanken, Gefühle und Ängste der Kinder zum Thema Krieg und Frieden zu informieren und dadurch das Verantwortungsgefühl der Erwachsenen zu wecken. In der Veröffentlichung dieser Briefe, in Ausstellungen und in den Medien wurde die Chance gesehen, die verantwortlichen Regierungen zu sensibilisieren und sie zu Abrüstungsschritten zu bewegen. Darüber hinaus wollte „Peace Bird" mit der Briefaktion den Kindern helfen, sich konstruktiv mit ihren Ängsten auseinanderzusetzen und aktiv etwas für die Verwirklichung des Friedens zu tun. Denn je weniger die Kinder die Möglichkeit erhalten, über ihre Ängste zu sprechen, desto bedrohlicher werden die Ängste für sie.

Der Verein „Peace Bird" wurde bereits im Dezember 1982 von Hamburger Eltern gegründet. Ursprüngliches Ziel war es, mit diesem Verein einen Aktionsvorschlag des Kinderbuchautors Bernard Benson (Das Buch vom Frieden) zu unterstützen. Dieser plante, mit zwei Kindern aus möglichst jedem Land der Welt nach Moskau und Washington zu fliegen. Dort sollten die Kinder von den beiden Staatschefs empfangen werden und mit ihnen über ihre Sorgen, Ängste und Wünsche sprechen und Fragen stellen können. Dieses Vorhaben scheiterte, jedoch zeigten viele Menschen ihr Interesse an der Arbeit des Vereins „Peace Bird". Im Frühjahr 1983 entstand die Idee, den „längsten Friedensbrief der Welt" zu schreiben. Während des Jahres gingen bei „Peace Bird" eine Vielzahl von Briefen ein, in denen besorgte Menschen ihre Hoffnungen, Wünsche und Ängste beschrieben. Diese Briefe wurden zu einem 1.350 Meter langen Brief zusammengefügt, mit dem anläßlich der Abrüstungsverhandlungen in Genf, im November 1983, die sowjetische und die amerikanische UNO-Vertretung verbunden wurden. Da sich vor allem Kinder an dieser Aktion beteiligt hatten, entwickelte „Peace Bird" im Dezember 1983 die Aktion „A Letter to Both".

Bis Ende 1984 gingen ca. 2.500 Briefe ein. Eine Auswahl wurde in der Eingangshalle des Deutschen Bundestages in Bonn ausgestellt. Das Medieninteresse an dieser Ausstellung war jedoch gering. Der Abbruch der Genfer Verhandlungen und die Stationierung der amerikanischen Mittelstreckenraketen in der Bundesrepublik Deutschland trugen mit dazu bei, daß der Verein „Peace Bird" in seinen Aktivitäten zum Jahresende 1984/85 erlahmte.

Im Frühjahr 1985 wurde die Aktion „A Letter to Both" in Zusammenarbeit mit dem Deutschen Kinderschutzbund wieder aufgenommen. Inzwischen zeichnete sich ein Treffen zwischen Präsident Reagan und Parteichef Gorbatschow im November in Genf ab. Über die Medien wurde die von „Peace Bird" eingerichtete Postfachnummer der beiden Spitzenpolitiker verbreitet und die Oberbürgermeister der Städte Nagasaki und Hannover, Takashi Araki und Herbert Schmalstieg übernahmen die Schirmherrschaft über die Aktion. Die Briefe sollten während des Genfer Gipfels übergeben werden.

Bis zum 19. November 1985, dem 1. Tag des Gipfeltreffens, schrieben mehr als 200.000 Kinder aus 28 Ländern an die beiden Politiker. (Der weitaus größte Teil der Briefe stammt aus Holland. Dort gelang es einer engagierten Vorbereitungsgruppe, die Schüler über das Fernsehen aufzufordern, sich an dieser Aktion zu beteiligen.) Mit vielfältigen Aktionen wurde in Genf, ein großes öffentliches Interesse für die Kinderbriefaktion geweckt. Während des dreitägigen Gipfels gelang es jedoch nicht, die Briefe an die beiden Politiker zu übergeben.

Nach diesem gescheiterten Übergabeversuch veranstaltete der Verein „Peace Bird" im Jahr 1986 zahlreiche Pressekonferenzen, Ausstellungen und Diskussionen zwischen Politikern und Kindern. Mit Rodriga Caraco, dem Präsidenten der UNO-Friedensuniversität, Prof. Edelstein, dem Präsidenten der Max Planck-Gesellschaft für Bildungsforschung und den Präsidenten der Vereinigung der internationalen Ärzte gegen den Atomkrieg Lown (USA) und Chazow (UdSSR), wurden weitere prominente Unterstützer für die Aktion gewonnen.

Auch auf dem kurzfristig angesetzen „Zwischengipfel" auf Island im Oktober 1986 ergab sich keine Gelegenheit zur Übergabe der Briefe.

Im Frühjahr 1987 wurden in mehreren bundesdeutschen Großstädten Ausstellungen mit den Kinderbriefen und Veranstaltungen organisiert. Vertreter des Vereins „Peace Bird" wurden vom Botschafter der UdSSR Julij Kwizinski und vom Botschafter der USA Richard Burt empfangen. Im Mai 1987 wurden einige Kinder, die sich an der Briefaktion beteiligt haben, vom Bundespräsidenten Richard von Weizsäcker zum alljährlichen Jugendempfang in die Villa Hammerschmidt eingeladen. Trotz der vielfältigen Aktivitäten des Vereins und der Unterstützung von prominenten Politikern gelang es bisher nicht, die Briefe an die beiden Adressaten Reagan und Gorbatschow zu übergeben.

Kinder, die sich noch an der Aktion „A Letter to Both" beteiligen wollen, richten ihre Briefe an folgende Adresse:

Reagan und Gorbatschow
Peace Bird
Postfach 602047
2000 Hamburg 60

2. Kinder befragen Politiker und Wissenschaftler — Auszüge einer Diskussion in der Berliner Gedächtniskirche

Wir dokumentieren eine Diskussion aus der Berliner Gedächtniskirche vom März 1986, die von der Report-Redaktion aus Baden Baden aufgezeichnet und am 29. Juli 1986 im 1. Deutschen Fernsehen ausgestrahlt worden ist.

Mit dem Abdruck dieser Diskussion verbinden wir nicht das Interesse, die vielfach unbefriedigenden Antworten der Politiker und Wissenschaftler herauszustellen. Wir wollen vielmehr Leser und Leserinnen anregen, einmal darüber nachzudenken, wie sie den Kindern antworten würden. Daß es nicht so einfach ist, angemessene Antworten auf die Fragen der Kinder zu finden, zeigen die Schwierigkeiten, die selbst qualifizierte und redegewandte Politiker und Wissenschaftler haben, wenn sie dazu bereit sind, mit Kindern zu diskutieren.

Einleitender Kommentar von Franz Alt: Nach dem Gipfeltreffen Reagan — Gorbatschow im letzten Herbst (1985) haben hunderttausende Kinder Briefe an die beiden mächtigsten Männer der Welt geschrieben und gebeten, doch endlich abzurüsten. Ein Teil der Briefe wurde in der Berliner Gedächtniskirche ausgestellt. Dabei haben Kinder mit Politikern, kurz vor Tschernobyl, über die atomare Kriegsgefahr diskutiert. Verstehen Kinder und Jugendliche überhaupt etwas von diesen Gefahren? (...)

Mädchen: Ich möchte Sie gerne fragen, wozu eigentlich Atomwaffen wichtig sind? Weil, wenn Sie aufrüsten und so, dann machen Sie doch etwas mehr dazu, daß so etwas passiert. Sie sagen, daß Sie Frieden wollen, aber rüsten immer mehr.

Mädchen: Alle Menschen auf der Welt sind in gewisser Weise doch Schwestern und Brüder. Und ich verstehe nicht, warum die kein Vertrauen oder so zueinander haben, warum es alles so ist, daß keiner dem anderen vertraut, und daß es dadurch immer mehr Waffen geben muß und so.

Prof. Hans-Peter Dürr, Physiker: Die Schwierigkeit ist, der eine hat Atombomben und dann hat der andere Angst. Dann sagt der an dere, ich habe nur dann keine Angst, wenn ich selber Atombomben habe. Und so geht das immer weiter. Und die Menschen wissen nicht, wie sie eigentlich da rauskommen sollen, weil sie kein Vertrauen zueinander haben. Und das ist eine schwierige Situation.

Junge: Also, wenn man nun überhaupt aufrüsten muß, dann bräuchte man doch nur soviele Atomwaffen, halt, um dieses Land zu zerstören. Wozu braucht man denn dann mehr? Mit dem Geld könnte man doch nun den anderen helfen. Es reicht doch, wenn man das Land einmal zerstört hat. Mehrmals kann man es doch nun nicht zerstören.

Peter Petersen, Mitglied des Bundesverteidigungsausschusses, CDU: Es gibt heute 50.000 Atomsprengköpfe auf der Welt und es sind sicher viel zu viel, da gebe ich dir völlig recht. Und deshalb bemühen wir uns ja in Genf, in Wien, in Stockholm, bei allen möglichen Konferenzen da herunter zu kommen. Nur auch das ist eine Frage, die dieses Mädchen eben aufgeworfen hat, des Vertrauens. Können wir den Leuten auf der anderen Seite, die hier ein bißchen weiter längs die Mauer gebaut haben, wirklich zutrauen, uns in Frieden und Freiheit leben zu lassen? Wenn ich das ganz genau wüßte, dann bräuchte ich keine Waffen.

Mädchen: Warum merken die Menschen überhaupt nicht, daß es mal genug ist? Warum wollen die immer mehr Krieg machen?

Hanna-Renate Laurien, Schulsenatorin von Berlin, CDU: Weil der Mensch eben zwar sehr oft weiß, was das Gute ist, aber das Böse tut. Das werdet ihr sicher an euch, ich habe es jedenfalls an mir auch schon erlebt. Und aus diesem Grunde ist eben nicht nur Vertrauen in der Politik möglich, sondern auch Sicherung.

Horst-Eberhard Richter, Psychoanalytiker: Worauf es ankommt ist, daß die Politiker mehr miteinander reden, mehr aufeinander zugehen und einsehen, daß wir tatsächlich heute schon alle gemeinsam bedroht sind, und daß wir uns nur gemeinsam sichern können. Und da haben die Politiker bislang versagt. Die haben seit vierzig Jahren, verhandeln die immer um weniger Waffen zu machen, und in Wirklichkeit haben alle Verhandlungen damit geendet, daß sie mehr Waffen gemacht haben. Und ihr Kinder müßt deutlicher eure Bedürfnisse auch ruhig sagen, daß das nicht so weiter gehen kann. Und daß man sich gegenseitig kleine Zugeständnisse machen muß und zeigen muß, daß man Frieden machen will.

Mädchen: Es wurde vorhin gesagt, daß es schon 50.000 Atombomben gibt. Ich finde, das sind schon 50.000 Atombomben zuviel. Warum gibt es eigentlich so viele? (Beifall)

Peter Petersen: Glaubst du, daß die Menschen sich besser miteinander vertragen würden, wenn es keine Bomben auf der Welt gäbe?

Viele Kinder: Jaaa. (Unruhe unter den Kindern)

Peter Petersen: Es ist doch umgekehrt. (Protest unter den Kindern) Entschuldigung, Frieden entsteht immer dann, wenn Menschen ihre Grundeinstellung ändern. Wenn Menschen anders werden, entsteht Frieden. Und nicht, wenn irgendwelche Waffen da sind, oder nicht da sind. Man muß also die Verhaltensweisen von Menschen, man muß Grenzen öffnen. Wer Frieden will, muß Grenzen öffnen und nicht Mauern bauen.

Mädchen: Und was ist denn, wenn jetzt ein junges Mädchen, zum Beispiel von den Atomstrahlen etwas abkriegt, und wenn sie dann nachher später Kinder kriegt, kann dann passieren, daß denen dann ein Arm oder ein Bein fehlt?

Peter Hauber, Internationale Ärzte zur Verhütung eines Atomkrieges (IPPNW): Dieses Mädchen muß damit rechnen, daß es dann kein gesundes Kind zur Welt bekommt, also nicht nur das, sondern man muß auch damit rechnen, wenn zum Beispiel eine schwangere Frau Strahlen abbekommt, daß dieses Kind, wenn es zu Beginn der Schwangerschaft ist, Mißbildungen bekommt oder, wenn es anscheinend gesund zur Welt kommt, daß es als Kleinkind oder als größeres Kind unheilbaren Blutkrebs bekommt.

Mädchen: Ich wollte mal fragen, wenn zum Beispiel Kinder Angst haben und davon nachts nicht schlafen können, also Kleinkinder zumindest und die Eltern oder Großeltern, die mitgekriegt haben mit Adolf Hitler und so. Also sagen wir mal, ich würde zu meiner Oma gehen und sagen: Also Oma, wie war das denn früher überhaupt? Ich kann mir gar nicht vorstellen, wie eine Atombombe hier auf unsere Stadt fallen könnte. Dann erzählt mir meine Oma, wie das war und ich meine, man kriegt dann überhaupt eine ganz andere Lebenseinstellung, also man hat wirklich Angst.

Helmut Reihlen, Präses der evangelischen Kirche in Berlin-Brandenburg: Gibt es dieses Gefühl, daß ihr Angst habt oder macht euch jemand Angst? Ich denke an meine Eltern, wenn wir in den

Bombenkellern gesessen haben und es hat gekracht, da hätten wir auch Anlaß Angst zu haben gehabt, aber meine Eltern haben mir das Gefühl gegeben, solange wir bei dir sind, bist du sicher und ich wünsche euch sehr, daß euch das Gefühl auch vermittelt wird, das es eine Heimat für euch gibt und daß es auch eben, wenn ich das so als Christ sagen darf, einen Jesus Christus gegeben hat, durch den jeder von uns auch erst einmal geschützt ist.

Mädchen: Ich habe Angst vor Reagan und Gorbatschow und vor diesen Leuten.

Helmut Reihlen: Ich nicht, die können nichts tun, ohne das Gott es will.

(Protest unter den Kindern: Ha, Ha! Doch!)

Horst-Eberhard Richter: Darf ich darauf antworten. Ich habe im letzten Krieg gekämpft als Soldat in Rußland, und vor unserem größten Angriff, ich war gerade neunzehn geworden, hatten wir einen Pfarrer, der uns Soldaten vor dem Angriff Trost und Hoffnung geben sollte. Der hatte ein großes silbernes Kreuz vor der Brust, und der hat uns gesagt, es ist jetzt im Sinne Gottes und von Jesus Christus, daß wir da drüben die gottlosen Russen besiegen sollten, die atheistischen Russen. Und das war damals eine Botschaft, die ich als ganz furchtbar empfand, daß im Namen von Jesus Christus wir letztlich da drüben in Rußland 20 Millionen Menschen umgebracht haben. Und das war nicht Hitler, das waren eure Eltern und eure Großväter, die daran beteiligt waren. Und daß ihr heute überhaupt hier sitzen könnt, verdankt ihr nur der Tatsache, daß es damals noch keine Atombomben gab.

Junge: Ich wollte Sie auch kurz mal fragen, sind Sie auch mal auf so einer Demonstration dabeigewesen und haben für den Frieden demonstriert?

Peter Petersen: Die wichtigste Friedensbewegung, die nämlich nicht nur demonstriert, sondern etwas tut, ist die Deutsche Bundeswehr.

(Protest und Lachen unter den Kindern)

Peter Petersen: Die sichert den Frieden und Freiheit. (Starker Protest) Aber natürlich. Frau Laurien und ich kennen Herrn Kohl besser als jemand anders hier in diesem Raum. Der denkt Tag und Nacht über den Frieden nach, darüber, wie wir ihn sichern können in Freiheit. (Protest) Und glaubt ihr vielleicht, ich habe den größten Teil meiner Kindheit im Keller verbracht, daß ich für den Krieg wäre?

Mädchen: Aber die Bundeswehr macht doch den Krieg.

Peter Petersen: Nein! Sie verhindert den Krieg.

(Zwischenrufe: Hör doch auf! Überhaupt nicht!)

Peter Petersen: Die sorgt dafür, daß wir hier frei sein können.

Mädchen: Das kann doch jeder sagen.

Peter Petersen: Wenn wir wehrlos wären, würden wir hier nicht so vergnügt miteinander diskutieren.

Mädchen: Aber einer fängt doch immer an.

Peter Petersen: Wir fangen nicht an. Eine Demokratie fängt keinen Krieg an. Geht gar nicht. Weil das Volk den Frieden will.

Junge: Weil, wenn die uns verteidigen sollen, dann gibt es doch sowieso Krieg. Wenn jetzt irgendjemand kommt und uns angreift, dann müssen wir uns auch verteidigen. Da ist auch Krieg, das kommt doch auf's gleiche raus. Krieg ist Krieg, warum werden die da erst ausgebildet. Damit sie uns verteidigen?

Prof. Hans-Peter Dürr: Meine Angst ist, daß der nächste Krieg ausbricht, obwohl ihn keiner will, weil man immer weiter und weiter rüstet. Und dann können wir hundertmal sagen, wir haben eine Demokratie und der Präsident macht nur was wir wollen, aber wissen wir, ob das System, das er in der Hand hat, ob das wirklich so funktioniert, wie er sich das vorstellt? Und das ist meine große Angst, und ihr habt vollkommen recht, daß man aus diesem Grunde die Aufrüstung stoppen muß. Und es bedeutet ja auch nicht, wenn man die Aufrüstung stoppt, daß man wehrlos ist. Es wird immer von Wehrlosigkeit gesprochen. Wir haben 25.000 Atomsprengköpfe auf der westlichen Seite, das ist noch lange nicht Wehrlosigkeit, aber es bedeutet, es ist genug damit und wir müssen Wege finden, wie wir das sozusagen festhalten und langfristig dann auch noch runterbringen. (Klatschen)

Mädchen: Die reden und reden immer vom Abrüsten, aber die tun nichts, die machen überhaupt nichts, die sitzen und reden und machen einen Kongress, zwei Kongresse, drei Kongresse, aber abrüsten tun sie auch nicht. (Klatschen)

Hanna-Renate Laurien: Ich sage jetzt nicht mit allem aufrüsten, sondern Schluß mit allem Vorhalten von Waffen, die der gegenseitigen Sicherung dienen sollen. In dem Moment, und da stehe ich zu meiner Meinung, daß ich, wenn das bei uns geschieht, jetzt Angst hätte und zwar mindestens soviel Angst wie vor Atombomben, daß dann hier Unfreiheit herrscht und daß ich hier dann so leben müßte wie in Polen oder wie in der DDR. Und aus diesem Grunde mit allem Nachdruck das Verhandeln um das Abrüsten. Und ich will doch noch etwas sagen auf die Frage, wie ihr das bewirken könnt. Ihr werdet ja auch mal größer. Und da kann ich nur sagen: Tretet in eine der politischen Parteien ein, dann könnt ihr meinungsbildend wirken. Das halte ich für ganz wichtig.

Junge: Die Menschen sind an dem Krieg eigentlich selber schuld, nämlich die wählen ja fast immer dieselben, die sollten mal andere wählen, die richtig für den Frieden sind. (Beifall)

Literatur

Alvik, Trond: The Development of Views on Conflict, War and Peace among School Children, in: Journal of Peace Research, vol. 2, No. 2, pp. 171 — 196.

Benson, Bernard: Das Buch vom Frieden, Wien/Hamburg 1981.

Birckenbach, Hanne-Margret: Mit schlechtem Gewissen — Wehrbereitschaft von Jugendlichen. Baden-Baden 1985.

Büttner, Christian: Kriegsangst bei Kindern. München 1982.

Chivian, Eric: Kinder haben Angst vor dem Atomkrieg, in: Demokratische Erziehung 10/86.

Cooper, Peter: The Development of the Concept of War, in: Journal of Peace Research, vol. 1, No. 1., pp.1 - 17.

Falk, Anita / Selg, Herbert: Die Begriffe ,,Krieg" und ,,Frieden" in der Vorstellung von Kindern und Jugendlichen, in: Heller, A. / Nickel, H. (Hrsg.): Psychologie in Erziehung und Unterricht, 29. Jg. 1982, S. 353 — 358.

Fuchs, Werner: Biographische Portraits — Einführung, in: Jugend'81, 1981, Bd. 2, S. 6 — 18.

Grünewald, Guido: Childrens Campaign for Nuclear Disarmament, Jyvaskylä (Finland) 1985

Haavesrud, Magnus: Views on War and Peace among Students in West Berlin Public Schools, in: Journal of Peace Research, vol. 7, No. 2, pp. 99 — 120.

Huschke-Rhein, Rolf: Was wissen Vierjährige über den Krieg? Über die Möglichkeiten vorschulischer Friedenserziehung, in: Sozialpädagogische Blätter, Heft 6, 11/12, 1982.

Jahoda, Gustav: Children's Concepts of Nationality: A Critical Study of Piaget's Stage, in: Child Development, vol. 35, pp 1082 -1092.

Jensen, Jörgen Pauli: Contribution to a Psychology for Peace — for a Consciousness and Action Against War, in: Tidskrift för Nordisk Förening för Pedagogisk Forskning 1982, Nr. 4, S. 34 - 45.

Jensen, Jörgen Pauli: Children's Fear of Nuclear War — A Danish Empirical Study. Copenhagen (Danmark) 1986.

Köckeis-Stangl, Eva: Methoden der Sozialisationsforschung; in: Hurrelmann, Klaus / Ulrich, Dieter (Hrsg.): Handbuch der Sozialisationsforschung, Weinheim 1980, S. 321 — 368.

Mercer, Geof: Adolescent Views of War an Peace — Another Lool, in: Journal of Peace Research, vol. 11, No.3, pp. 247 — 249.

Nummenmaa, Tapio: Mental Representation of Events: War and Peace, in: Kahnert, Marianne u.a. (Hrsg.), Children and War, Jyvaskylä (Finland) 1983, pp. 155 - 170.

Petri, Horst: Kriegsangst bei Kindern — Atomkrieg und Erziehung, in: Becker, Hellmut u.a. (Hrsg.): Psychosozial 26 - Friedenspädagogik, Hamburg 9/85.

Petri, Horst; Boehnke, Klaus; Macpherson, Michael; Meador, Margarete: Bedrohtheit bei Jugendlichen, in: Popp, Wolfgang (Hrsg.): ,,SDI" und UNO-Jahr des Friedens 1986. Dortmund 1986, S. 69 - 80.

Piaget, Jean: Der Aufbau der Wirklichkeit beim Kinde. Stuttgart 1975.

Piaget, Jean/Inhelder B.: Die Entwicklung des inneren Bildes beim Kind. Frankfurt/Main 1979.

Rajewsky, Christiane: Kinderbücher als Arbeitshilfen in der Friedenspädagogik — Ein Plädoyer für Erziehung, in: Steinweg, Reiner: Vom Krieg der Erwachsenen gegen die Kinder. Frankfurt 1984, S. 140 - 196.

Rajewsky, Christiane / Riesenberger, Dieter: Wider den Krieg, Große Pazifisten von Kant bis Böll, München 1987.

Reich, Brigitte / Weber, Norbert H.: Unterricht im Dienste des Friedens, Düsseldorf 1984.

Rossel, Leif: Children's Views of War an Peace, in Journal of Peace Research, vol. 5, No. 3, pp. 268 -276

Spielmann, Miriam: If Peace Comes ... Future Expectations of Israeli Children and Youth, in: Journal of Peace Research, vol. 23, No. 1, pp. 51 - 67.

Solantaus, Tytti: Children and the Threat of Nuclear War, in: Kahnert, Marianne u.a. (Hrsg.), Children and War, Jyvaskylä (Finland) 1983, pp 45 - 53.

Statt, David: The Influence of National Power on the Child's View of the World, in: Journal of Peace Research, vol. 11, No. 3, pp 245 - 247.

Steinweg Reiner: Vom Krieg der Erwachsenen gegen die Kinder. Möglichkeiten der Friedenserziehung. Frankfurt 1984.

Targ Harry: Children's Developing Orientations to International Politics, in: Journal of Peace Research, vol. 7, No. 1, pp 79 - 97.

Wahl, Klaus/Michael-Sebastian Honig/Lerke Gravenhorst: Wissenschaftlichkeit und Interessen. Zur Herstellung subjektorientierter Sozialforschung, Frankfurt 1982.

Witzel, Andreas: Verfahren der qualitativen Sozialforschung. Überblick und Alternativen, Frankfurt 1982.

Zurick, Elia T.: The Child's Orientation to International Conflict and the United Nations: A Review of the Literature and a Analysis of a Canadian Sample, in: Proceedings of the International Peace Research Association — Third General Conference, Assen (Netherlands) 1970.

Thema: Jugend

Alltag und Biografie von Mädchen — Bericht der Kommission
1987. Ca. 100 Seiten. Kart. Ca 13,80 DM
ISBN: 3-8100-0049-1

Baacke, Dieter/Lauffer, Jürgen (Hrsg.): Familie im Mediennetz
1988. Ca. 160 Seiten. Kart. Ca. 16,80 DM.
ISBN: 3-8100-0666-1

Behnken, Imbke/du Bois-Reymond, Manuela/Zinnecker, Jürgen: Stadtgeschichte als Kindheitsgeschichte
Lebensräume von Großstadtkindern in Deutschland und Holland um 1900.
1988. Ca. 530 Seiten. Kart. Ca. 65,— DM.
ISBN: 3-8100-00633-5

Burger, Angelika/Seidenspinner, Gerlinde: Töchter und Mütter
Ablösung als Konflikt und Chance.
1988. Ca. 160 Seiten. Ca. 19,80 DM.
ISBN: 3-8100-0655-6

Fischer, Arthur/Fuchs, Werner/Zinnecker, Jürgen Jugendliche und Erwachsene '85. Generationen im Vergleich
Herausgegeben vom Jugendwerk der Deutschen Shell.
1985. 5 Bände mit zusammen über 2000 Seiten. In Kass. 39,— DM.
ISBN: 3-8100-0567-7
Band 1: Biografien — Orientierungsmuster — Perspektiven
Band 2: Freizeit und Jugendkultur
Band 3: Jugend der Fünfziger Jahre — heute
Band 4: Jugend in Selbstbildern
Band 5: Arbeitsbericht und Dokumentation

Freigang, Werner/Frommann, Anne/Giesselmann, Annedore/Blandow, Jürgen/Schmitz, Jürgen/Winter von Gregory, Witha: Mädchen in Einrichtungen der Jugendhilfe
1986. 228 Seiten. Kart. 26,80 DM.
ISBN: 3-8100-0478-2

Gravenhorst, Lerke/Cramon-Daiber, Birgit/Schablow, Michael: Lebensort: Familie
1985. 151 Seiten. Kart. 18,80 DM.
ISBN: 3-8100-0475-8

Grubauer, Franz/Mannheim-Runkel, Monika/Müller, Wolfram/ Schick, Marion: Arbeiterjugendliche heute — vom Mythos zur Realität
Bedeutung von Arbeit, Moral und Recht für Jugendliche aus der Großindustrie
1987. 160 Seiten. Kart. 16,80 DM.
ISBN: 3-8100-0622-X

Hagemann-White, Carol: Sozialisation: Weiblich — männlich?
1985. 112 Seiten. Kart. 12,80 DM.
ISBN: 3-8100-0473-1

Horstkotte, Angelika: Mädchen in der Provinz
1985. 85 Seiten. Kart. 9,80 DM.
ISBN: 3-8100-0408-4

Thema: Jugend

Hurrelmann, Klaus/Rodax, Klaus/Spitz, Norbert/Wildt, Carola/Naundorf, Gabriele/Rabe-Kleeberg, Ursula: Koedukation — Jungenschule auch für Mädchen?
1986. 224 Seiten. Kart. 26,80 DM.
ISBN: 3-8100-0486-3

Jaide, Walter: Generationen eines Jahrhunderts
Zur Geschichte der Jugend in Deutschland 1871 - 1985.
1988. Ca. 360 Seiten. Kart. Ca. 24,80 DM.
ISBN: 3-8100-0605-X

Jaide, Walter. Achtzehnjährige zwischen Rebellion und Reaktion
Politische Einstellungen und Aktivitäten Jugendlicher in der Bundesrepublik.
2. Auflage 1980. 211 Seiten. Kart. 18,80 DM.
ISBN: 3-8100-0338-7

Jugend '81
Lebensentwürfe, Alltagskulturen, Zukunftsbilder.
Herausgegeben vom Jugendwerk der Deutschen Shell. Gesamtkonzeption der Studie: Arthur Fischer, Dr. Ruth Ch. Fischer, Prof. Dr. Werner Fuchs, Prof. Dr. Jürgen Zinnecker. Ungekürzte Fassung der Bände 1 und 2 der Studie Jugend '81 in einem Band.
1982. 1050 Seiten. Kart. 18,80 DM.
ISBN: 3-8100-0409-X

Kavemann, Barbara/Lohstöter, Ingrid/Haarbusch, Elke/Jochens, Karin/Brauckmann, Jutta/Jaeckel, Monika/Pagensteher, Lising: Sexualität — Unterdrückung statt Entfaltung
1985. 210 Seiten. Kart. 24,80 DM.
ISBN: 3-8100-0476-6

Kiersch, Gerhard:
Die jungen Deutschen
Erben von Goethe und Auschwitz.
1986. 240 Seiten. Paperback. 19,80 DM.
ISBN: 3-8100-0583-5

Kim, Young-Hee: Sozialisationsprobleme koreanischer Kinder in der Bundesrepublik Deutschland
Bedingungen und Möglichkeiten für eine interkulturelle Erziehung.
1986. 312 Seiten. Kart. 48,— DM.
ISBN: 3-8100-0603-3

Knoll, Joachim H./Schoeps, Julius H. (Hrsg.): Typisch deutsch: Die Jugendbewegung?
1988. 192 Seiten. Kart. 24,80 DM.
ISBN: 3-8100-0674-2

Krüger, Heinz-Hermann (Hrsg.): Handbuch der Jugendforschung
1987. Ca. 260 Seiten. Gebunden. Ca. 58,— DM.
ISBN: 3-8100-0596-76

Krüger, Heinz-Hermann (Hrsg.): ,,Die Elvis-Tolle, die hatte ich mir unauffällig wachsen lassen"
Lebensgeschichte und jugendliche Alltagskultur in den fünfziger Jahren.
1985. 232 Seiten. 19,80 DM.
ISBN: 3-8100-0522-3

Thema: Jugend

Krüger, Helga/Born, Claudia/Einemann, Beate/Heintze, Stine/Saifi, Helga: Privatsache Kind — Privatsache Beruf
,,...und dann hab ich ja noch Haushalt, Mann und Wäsche".
Zur Lebenssituation von Frauen mit kleinen Kindern in unserer Gesellschaft.
1987. 197 Seiten. Kart. 19,80 DM.
ISBN: 3-8100-0571-1

Lajios, Konstantin/Simeon Kiotsoukis: Ausländische Jugendliche
Pubertät und Probleme der bikulturellen Erziehung.
1984. 139 Seiten. Kart. 16,80 DM.
ISBN: 3-8100-0422-7

Mayr-Kleffel, Verena: Mädchenbücher: Leitbilder für Weiblichkeit
1985. 93 Seiten. Kart. 11,80 DM.

Nachtwey, Rainer: Pflege — Wildwuchs — Bricolage
Ästhetisch-kulturelle Jugendarbeit
1987. 384 Seiten mit zahlr. Fotos.
Kart. 48,— DM.
ISBN: 3-8100-0637-8

Schäfers, Bernhard: Soziologie des Jugendalters
3. Auflage 1985. UTB 1131. 232 Seiten. 19,80 DM.
ISBN: 3-8100-0561-9

Schäfers, Bernhard (Hrsg.): Jugend in der Gegenwartsgesellschaft
Struktur und Wandel einer Altersgruppe
1980. 160 Seiten. Kart. 16,80 DM.

Schmerl, Christiane: Das Frauen- und Mädchenbild in den Medien
1985. 137 Seiten. Kart. 15,80 DM.
ISBN: 3-8100-0479-0

SINUS-Institut: Jugend privat
Verwöhnt? Bindungslos? Hedonistisch?
2. Teil des SINUS-Berichts über die ,,Verunsicherte Generation".
1985. Kart. 128 Seiten. 9,80 DM.
ISBN: 3-8100-0523-1

SINUS-Institut: Jugendforschung in der Bundesrepublik
1984. 116 Seiten. Kart. 9,80 DM.

SINUS-Institut: Die verunsicherte Generation
Jugend und Wertewandel. Ein Bericht des SINUS-Instituts im Auftrag des Bundesministers für Jugend, Familie und Gesundheit.
1984. 168 Seiten. Kart. 9,80 DM.
ISBN: 3-8100-0464.2

Wiebe, Hans-Hermann (Hrsg.): Jugend in Europa
Ihre Situation in den zentraleuropäischen Gesellschaften und der Stand der Forschung.
1987. Ca. 240 Seiten. Kart. Ca. 24,80 DM.
ISBN: 3-8100-0602.5

Zinnecker, Jürgen: Jugendkultur 1940 - 1985
1987. 376 Seiten. Paperback. 22,80 DM.
ISBN: 3-8100-0580-0

Leske + Budrich